Sebastian Volkmann

Forschungs- und Entwicklungskooperationen im neuen EU-Kartellverwaltungsrecht

Sebastian Volkmann

Forschungs- und Entwicklungskooperationen im neuen EU-Kartellverfahrensrecht

www.salzwasserverlag.de

Volkmann, Sebastian

Forschungs- und Entwicklungskooperationen im neuen EU-Kartellverfahrensrecht

2. Auflage 2008 | ISBN: 978-3-86741-134-9

© CT Salzwasser-Verlag GmbH & Co. KG, Bremen, 2008.
Alle Rechte vorbehalten.

Die Deutsche Bibliothek verzeichnet diesen Titel in der
Deutschen Nationalbibliografie.
Bibliografische Daten sind unter http://dnb.ddb.de abrufbar.

Dieses Fachbuch wurde nach bestem Wissen und mit größtmöglicher Sorgfalt erstellt. Im Hinblick auf das Produkthaftungsgesetz weisen Autoren und Verlag darauf hin, dass inhaltliche Fehler und Änderungen nach Drucklegung dennoch nicht auszuschließen sind. Aus diesem Grund übernehmen Verlag und Autoren keine Haftung und Gewährleistung. Alle Angaben erfolgen ohne Gewähr.

Inhaltsverzeichnis

A.	Einleitung	23
B.	Art. 81 EG im Lichte der Kartellverfahrensreform	24
I.	Bisherige Rechtslage	24
1.	Das Verbotssystem mit Erlaubnisvorbehalt	24
2.	Verfahren vor der Kommission	25
II.	Art. 81 EG unter der neuen Verfahrensvorschrift VO 1/2003	27
1.	Notwendigkeit und Intention der Reform	27
2.	Legalausnahme	29
3.	Dezentralisierung	30
a.	Nationale Wettbewerbsbehörden	31
b.	Nationale Gerichte	32
4.	Sonstige Regelungen der VO 1/2003	32
III.	Zusammenfassung	33
C.	FuE-Kooperationen aus ökonomischer und wettbewerbsrechtlicher Sicht	34
I.	Ökonomische Beurteilung von FuE-Kooperationen	35
1.	Forschung und Entwicklung als Wettbewerbsfaktor	35
2.	Kooperationen in Forschung und Entwicklung	37
a.	Beweggründe und Formen	37
b.	Nebenabreden	38
c.	Vor- und Nachteile der gemeinsamen Forschung und Entwicklung	40
(1)	Vorteile	40
(2)	Nachteile	42
3.	Aufgaben des Kartellrechts	44
II.	FuE-Kooperationen aus wettbewerbsrechtlicher Sicht	45
1.	Zielkonflikt	45
2.	Lösungsansatz	46
III.	Zusammenfassung	46
D.	Rechtssicherheit bei Kooperationen in Forschung und Entwicklung	48
I.	Problemstellung und Abgrenzung zu anderen Kooperationen	48
II.	Beurteilung anhand von Gruppenfreistellungsverordnungen	49
1.	GVOen im Anmelde- und Genehmigungssystem	50
a.	Rechtsgrundlagen	50
b.	Rechtliche Wirkung	50
2.	GVOen im System der Legalausnahme	52
a.	Intention der VO 1/2003	52

b.	Verbindlichkeit von Gruppenfreistellungsverordnungen	53
(1)	Standpunkt der deklaratorischen Wirkung	54
(a)	Deklaratorische Wirkung aufgrund des Legalausnahmesystems	54
(b)	Fehlende Rechtsgrundlage für GVOen	55
(c)	GVOen als unwiderlegbare Vermutung	55
(2)	Standpunkt der konstitutiven Wirkung	56
(a)	Trennung von Einzel- und Gruppenfreistellung	56
(b)	Ermächtigung zum Erlass von GVOen	58
(c)	Konstitutivwirkung trotz Legalausnahmesystem	59
(d)	GVOen als unwiderlegliche Vermutung?	60
c.	Verhältnis primär- und sekundärrechtlicher Legalausnahme	61
(1)	Doppelwirkungen im Recht	61
(2)	Nebeneinander kartellrechtlicher Legalausnahmen	63
(3)	Abweichen der GVOen von Art. 81 Abs. 3 EG	64
(a)	GVO verstößt gegen Art. 81 Abs. 3 EG	64
(b)	GVO weicht nur im Einzelfall von Art. 81 Abs. 3 EG ab	65
3.	Rechtssicherheit durch Gruppenfreistellungsverordnungen	67
a.	Gruppenfreistellungsverordnungen im Allgemeinen	67
b.	Die Gruppenfreistellungsverordnung für FuE-Vereinbarungen	68
(1)	Aufbau und Neuerungen der FuE-GVO	68
(2)	Anwendungsbereich und positive Freistellungsvoraussetzungen	69
(3)	Marktanteilsschwelle und Freistellungsdauer	70
(4)	Negative Freistellungsvoraussetzungen: die schwarzen Klauseln	73
(a)	Anderweitige Forschung und Immaterialgüterrecht	74
(b)	Klassische Kernbeschränkungen	74
(c)	Kunden- und Gebietsaufteilung	75
(d)	Lizenzierung	76
(5)	Entzug der Freistellung	78
III.	Hilfestellung durch Leitlinien und Bekanntmachungen	79
1.	Stellung im System der Legalausnahme	79
a.	Rechtsnatur	80
b.	Bindungswirkung	81
c.	Kritik	83
2.	Die Bagatellbekanntmachung	85
a.	Inhalt	85
(1)	spürbare Wettbewerbsbeschränkung	85
(2)	weitere Voraussetzungen	86
b.	Kritik	87
c.	Rechtsfolgen für FuE-Kooperationen	87
3.	Beeinträchtigung des zwischenstaatlichen Handels	88
a.	Wesen der Zwischenstaatlichkeitsklausel	88
b.	Bekanntmachung der Kommission	89
c.	Sonderfall horizontale Kooperationen	90
d.	Bedeutung für FuE-Kooperationen	91
4.	Leitlinien über horizontale Zusammenarbeit	92
a.	Zweck und Anwendungsbereich	92
b.	Bewertung nach Art. 81 Abs. 1 EG	93
(1)	Art der Vereinbarung	93

(2)	Marktmacht und Marktstruktur	94
(3)	Relevanter Markt	95
(4)	Innovationswettbewerb	95
c.	Einzelfreistellung nach Art. 81 Abs. 3 EG	96
d.	Freistellungsdauer	97
5.	Leitlinien zur Anwendung von Art. 81 Abs. 3 EG	98
a.	Allgemeiner Rahmen und Systematik	98
b.	Die Voraussetzungen des Art. 81 Abs. 3 EG	99
(1)	Erste Voraussetzung: Effizienzgewinne	99
(2)	Zweite Voraussetzung: Weitergabe an den Verbraucher	100
(3)	Dritte Voraussetzung: Unerlässlichkeit	101
(a)	Anwendungsbereich	101
(b)	Kommissionspraxis	102
(4)	Vierte Voraussetzung: Keine Ausschaltung des Wettbewerbs	103
6.	Die Bewertung von FuE-Kooperationen	104
IV.	Sonstige Auslegungshilfen der Kommission	106
1.	Negativattest	106
2.	Das Beratungsschreiben	107
a.	Grundlage und Wirkung des Beratungsschreibens	107
b.	Voraussetzungen für das Beratungsschreiben	108
c.	Bedeutung für Forschungs- und Entwicklungskooperationen	109
V.	Zwischenergebnis	109
1.	Gruppenfreistellungsverordnungen	109
2.	Leitlinien und Bekanntmachungen	110
3.	Beratungsschreiben und Negativattest	111
E.	**Einheitliche Anwendung des EG-Wettbewerbsrechts**	**112**
I.	Rechtssicherheit und kohärente Anwendung	112
II.	Anwendung des EG-Rechts durch nationale Wettbewerbsbehörden	113
1.	Problematik	113
2.	Lösungsansätze	115
a.	Bestimmungen in der VO 1/2003	115
(1)	Aktionsrahmen und Zuständigkeit	116
(2)	Verbot abweichender Entscheidungen	117
(3)	Zusammenarbeit zwischen Kommission und Wettbewerbsbehörden	118
(4)	Informationsaustausch	120
b.	Die Bekanntmachung der Kommission	120
(1)	Bindungswirkung der Bekanntmachung	121
(2)	Parallele Zuständigkeit im European Competition Network (ECN)	121
(a)	Grundsätze der Fallverteilung	121
(b)	Verfahren vor nationalen Wettbewerbsbehörden	123
(3)	Verfahrenseinleitung durch die Kommission	123
c.	Der Beratende Ausschuss	124

3.	Bindungswirkung von Entscheidungen nationaler Wettbewerbsbehörden	125
4.	Kritische Bewertung	126
a.	Fallverteilungskriterien	126
b.	Nationale Verfahrensrechte	127
III.	Einheitliche Anwendung durch die nationalen Gerichte	128
1.	Problematik	128
2.	Lösungsansätze	130
a.	Bestimmungen durch die VO 1/2003	130
(1)	Zusammenarbeit	130
(2)	Verbot abweichender Entscheidungen	131
(3)	Bewertung	132
b.	Die Regelungen der Bekanntmachung	133
(1)	Anwendung des Gemeinschaftsrechts durch die Gerichte	133
(2)	Zusammenarbeit zwischen Kommission und Gerichten	134
c.	Erleichterung der Justiziabilität	135
(1)	Kompetenz der nationalen Richter	135
(2)	Sachverständige im Prozess	136
3.	Rechtssicherheit durch die EuGVVO	137
a.	Gemeinschaftsweite Anerkennung eines Gerichtsurteils	137
b.	Rechtssicherheit durch Prorogation	139
IV.	Zwischenergebnis	140
1.	Nationale Behörden	140
2.	Nationale Gerichte	141
F.	**Ergebnisse**	**142**
G.	**Literaturverzeichnis**	**144**
H.	**Anlage I: Checkliste**	**152**

Abkürzungsverzeichnis

a.A.	anderer Ansicht
ABl.	Amtsblatt der Europäischen Gemeinschaften
Abs.	Absatz
AcP	Archiv für die civilistische Praxis
AG	die Aktiengesellschaft
Art.	Artikel
BB	Betriebsberater
Bd.	Band
BGB	Bürgerliches Gesetzbuch
BT	Bundestag
bzw.	beziehungsweise
CMLR	Common Market Law Review
DB	Der Betrieb
ders.	derselbe
d.h.	das heißt
dies.	dieselbe
Diss.	Dissertation
E.C.	European Community
ECA	European Competition Authorities
ECLR	European Competition Law Review
ECN	European Competition Network
EFTA	European Free Trade Association
EG	Vertrag zur Gründung der Europäischen Gemeinschaft (in der Fassung mit den Änderungen durch den Vertrag von Nizza)
ELR	European Law Review
EU	Europäische Union
EuG	Europäisches Gericht 1. Instanz
EuGH	Europäischer Gerichtshof
EuGVVO	Verordnung über die gerichtliche Zuständigkeit und die Anerkennung und Vollstreckung von Entscheidungen in Zivil- und Handelssachen (ABl. L 12 vom 16.1.2001, S. 1)
EuR	Europarecht
EuZW	Europäische Zeitschrift für Wirtschaftsrecht

EWG	Europäische Wirtschaftsgemeinschaft
EWS	Europäische Wirtschafts- und Steuerrecht
f.	folgende Seite
ff.	folgende Seiten
Fn.	Fußnote
FuE *oder* F&E	Forschung und Entwicklung
GA	Generalanwalt
GD IV	Generaldirektion IV der Kommission, zuständig für Wettbewerbssachen
GRUR	Gewerblicher Rechtsschutz und Urheberrecht
GRUR Int.	Gewerblicher Rechtsschutz und Urheberrecht, Internationaler Teil
GU	Gemeinschaftsunternehmen
GVO	Gruppenfreistellungsverordnung
GWB	Gesetz gegen Wettbewerbsbeschränkungen
h.M.	herrschende Meinung
Hrsg.	Herausgeber
i.S.d.	im Sinne des
i.V.m.	in Verbindung mit
ICN	International Competition Network
JuS	Juristische Schulung
JZ	Juristenzeitung
lit.	Litera
Ls.	Leitsatz
m.w.N.	mit weiteren Nachweisen
Nr.	Nummer
OJ	Official Journal
OECD	Organisation for Economic Cooperation and Development
RIW	Recht der Internationalen Wirtschaft
Rn.	Randnummer
S.	Seite
Slg.	Sammlung der Rechtsprechung des EuGH (Teil I) und des EuG (Teil II)
Tz.	Textziffer
u.a.	unter anderem
Überbl.	Überblick

verb.	verbundene
vgl.	vergleiche
VO	Verordnung
VO-E	Verordnungsentwurf
Vorbem.	Vorbemerkung
WRP	Wettbewerb in Recht und Praxis
WuW	Wirtschaft und Wettbewerb
z.B.	zum Beispiel
ZHR	Zeitschrift für das gesamte Handels- und Wirtschaftsrecht
ZPO	Zivilprozessordnung

A. Einleitung

Mit dem Inkrafttreten der neuen Durchführungsverordnung für Kartellverfahren hat die Europäische Gemeinschaft die bisher umfangreichste und tiefgreifendste Veränderung im Europäischen Wettbewerbsrecht realisiert. Allerdings wurde der Reformprozess vor allem aus Deutschland mit teils heftiger Kritik begleitet. Zum einen stellt sich die Frage, ob der mit der Reform vollzogene Systemwechsel primärrechtlich zulässig ist. Diese Frage wird wohl in absehbarer Zeit durch den Gerichtshof beantwortet werden.

Zum anderen wird das sinkende Maß an Rechtssicherheit bemängelt, welchem sich Unternehmen nach der Reform gegenübersehen. Eine wesentliche Quelle der Rechtsunsicherheit ist die nunmehr zu praktizierende Selbstveranlagung, d.h. Unternehmen sind selbst für eine kartellrechtliche Beurteilung ihrer Vereinbarungen verantwortlich. Einen anderen Anlass zur Besorgnis stellt die neue Position der nationalen Behörden und Gerichte dar. Fraglich ist, ob diese zur einheitlichen Anwendung der Wettbewerbsregeln willens und in der Lage sind.

Rechtssicherheit ist vor allem dort von elementarer Bedeutung, wo weitreichende Investitionsentscheidungen getroffen werden, die mit hohen Risiken behaftet sind. Forschung und Entwicklung, vor allem in hoch innovativen Sektoren, sind durch solche Eigenschaften gekennzeichnet. Grundsätzlich helfen Kooperationen auf diesem Gebiet den Unternehmen in der Risikominimierung und tragen zur Förderung des technischen und wirtschaftlichen Fortschritts bei. Da sie, wie alle betrieblichen Zusammenarbeiten, einer wettbewerbsrechtlichen Kontrolle nicht entzogen sind, wirkt sich auch die Kartellverfahrensreform auf FuE-Kooperationen aus.

B. Art. 81 EG im Lichte der Kartellverfahrensreform

I. Bisherige Rechtslage

1. Das Verbotssystem mit Erlaubnisvorbehalt

Im Jahre 1962 erließ der Rat die erste Durchführungsverordnung[1] zu den Art. 81 und 82 EG (damals noch Art. 85 und 86 EGV; i. F. werden nur die neuen Vorschriften zitiert). Kernpunkte dieser Regelung waren das Verbotssystem mit Genehmigungsvorbehalt und die ausschließliche Zuständigkeit der Kommission. Grundsätzlich waren nach Art. 1 VO 17/62 alle Vereinbarungen und abgestimmte Verhaltensweisen verboten, die den Handel zwischen den Mitgliedsstaaten beeinträchtigen konnten, ohne dass es einer vorherigen Entscheidung bedurfte. Ausnahmen von diesem Verbot waren nur mittels einer Einzel- oder Gruppenfreistellung nach Art. 81 Abs. 3 EG möglich.[2]

---

[1] VO Nr. 17/62 (ABl. P 13 vom 21.02.1962, S. 204), im Folgenden VO 17/62

[2] obwohl auch informelle Klärung mit Hilfe von Lobbyismus nicht unüblich ist, vgl. *Kerse,* EEC Antitrust Procedure, S. 119

2. Verfahren vor der Kommission

Schon in den ersten Jahren sah sich die Kommission einer Flut von Anmeldungen gegenüber.[3] Deshalb wurde diese vom Rat ermächtigt[4], Verordnungen zur effizienten Anwendung des Art. 81 EG zu erlassen. Auf dieser Grundlage schuf die Kommission diverse Gruppenfreistellungsverordnungen, die eine Vielzahl von wettbewerbsrechtlich unbedenklichen Vereinbarungen[5] freistellten, ohne dass ein Verfahren vor der Kommission notwendig ist. Für den Bereich Forschung und Entwicklung gilt die VO Nr. 2659/2000[6].

Musste der Art. 81 Abs. 3 EG zum Zwecke einer Einzelfreistellung direkt angewandt werden, waren eine Anmeldung und ein anschließendes Verfahren vor der Kommission unabdingbar. Diese prüfte sodann die vier Voraussetzungen des Abs. 3 und gab ihre Entscheidung nach Art. 6 VO 17/62 bekannt. Um die generalklauselartige Formulierung des Abs. 3 handhabbarer zu gestalten, veröffentlichte die Kommission unter anderem die Leitlinien über horizontale Vereinbarungen[7]. In diesen Leitlinien wurde den FuE-Vereinbarungen ein eigener Abschnitt gewidmet.

Gemäß der VO 17/62 kann die Kommission Anmeldungen durch Einzelfreistellung, Untersagung oder Negativattest bearbeiten. Aufgrund langwieriger Verfahren traten diese Formen des Handelns jedoch in den Hintergrund. Auf diese wurde nur zurückgegriffen,

---

[3] im Jahre 1967 waren es 37.450 Fälle, vgl. *Schwenn,* RIW 2000, S. 179

[4] durch die VO Nr. 19/65 (ABl. P 36 vom 6.3.1965, S. 533) und später durch die VO Nr. 2821/71 (ABl. L 285 vom 29.12.1971, S. 46)

[5] der Begriff „Vereinbarungen" soll im Folgenden auch immer abgestimmte Verhaltensweisen und Beschlüsse von Unternehmensvereinigungen umfassen

[6] ABl. L 304 vom 29.11.2000, S. 7

wenn ein neuartiges Problem zu klären war oder ein wettbewerbspolitisches Signal gesetzt werden sollte.[8] Die Unternehmen begnügten sich in den meisten Fällen mit einem einfachen Verwaltungsschreiben, dem so genannten „comfort letter". Mit diesem erklärt die Kommission[9], dass nach den vorliegenden Tatsachen eine Anwendung von Art. 81 Abs. 1 EG nicht in Betracht kommt oder dass die Voraussetzungen des Art. 81 Abs. 3 EG erfüllt sind. Diese comfort letter wurden von vielen Unternehmen akzeptiert, da sie im Vergleich zur Einzelfreistellungsentscheidung erheblich schneller ergingen. Sie banden die Kommission an die Entscheidungen und gewährten den Unternehmen Bußgeldfreiheit. Doch die comfort letter hatten auch Nachteile, die die Unternehmen in Kauf nahmen. Es bestand kein Schutz vor privatrechtlichen Klagen von Konkurrenten und die comfort letter waren für Gerichte nicht bindend.[10]

---

[7] ABl. C 3 vom 6.1.2001, S. 2

[8] *Commichau/Schwartz,* Grundzüge des Kartellrechts, S. 198-207

[9] um genau zu sein: Unterzeichner ist der Direktor der Generaldirektion Wettbewerb; vgl. *Baur/Weyer* in: Frankfurter Kommentar, Art. 81 EG-Vertrag Zivilrechtsfolgen, Tz. 58

[10] Urteil EuGH, Rs. 99/79 („SA Lancôme et Cosparfrance Nederland BV gegen Etos BV und Albert Heyn Supermarkt BV"), Slg. 1980, S. 2511; vgl. *Rittner,* Wettbewerbs- und Kartellrecht, S. 144 f.; kritisch zur dieser Verfahrenspraxis: *Krück/Sauter,* in: Dauses, Handbuch des EU-Wirtschaftsrechts, Bd. 2, H. I § 3 Rn. 128

II. Art. 81 EG unter der neuen Verfahrensvorschrift VO 1/2003[11]

1. Notwendigkeit und Intention der Reform

Im Mai 1999 legte die Kommission für viele überraschend ein Weißbuch[12] zur Modernisierung der Vorschriften zur Anwendung der Art. 81 und 82 EG vor. Besonders in Deutschland traf dieser Vorschlag auf teils heftige Kritik[13], insbesondere wurde die primärrechtliche Zulässigkeit in Frage gestellt.[14] Trotzdem wurde die Verordnung mit nur wenigen Änderungen veröffentlicht und trat am 1. Mai 2004 in Kraft. Tragende Säulen der Reform sind das Legalausnahmeprinzip, die dezentrale Anwendung der Art. 81 und 82 EG, die Vorrangwirkung des Europäischen Wettbewerbsrechts sowie stärkere Ermittlungsbefugnisse der Kommission.

Wie im Weißbuch ausführlich dargelegt war eine Reform des EG-Kartellverfahrensrechts unabdingbar.[15] Schon bei Einführung des

---

[11] ABl. L 1 vom 4.1.2003, S. 1; im Folgenden VO 1/2003

[12] Weißbuch über die Modernisierung der Vorschriften zur Anwendung der Artikel 81 und 82 EG-Vertrag (ABl. C 132 vom 12.05.1999, S. 1); im Folgenden „Weißbuch"; daran anschließend die Veröffentlichung des Verordnungsentwurfs (KOM (2000) 582 endg. vom 28.9.2000)

[13] *Bartosch* WuW 2000, S. 462-472; *Deringer* EuZW 2000, S. 5-11; *Eilmansberger*, in Streinz (Hrsg.), EUV/EGV, Art. 81 EGV, Rn. 124; *Mestmäcker* EuZW 1999, S. 523-529; *Paulweber/Kögel*, AG 1999, S. 500, 507; *Rittner*, DB 1999, S. 1485 f.; a.A. *Deselaers/Obst*, EWS 2000, S. 41 f.; *Geiger*, EuZW 2000, S. 165-169; *Schaub/Dohms*, WuW 1999, S. 1055 f.; kompromissbereit zeigt sich *Immenga, Ulrich*, EuZW 1999, S. 609; kritisch in Bezug auf die wirtschaftspolitische Bedeutung ist *Rittner*, Orientierungen zur Wirtschafts- und Gesellschaftspolitik 2004, S. 38-43

[14] *Monopolkommission*, Sondergutachten Nr. 28, Tz. 13-17

[15] Weißbuch, Tz. 5-10

Verbotssystems mit Genehmigungsvorbehalt wurde vermutet, dass die große Zahl der Anmeldungen die Kommission überlasten würde. Tatsächlich gab es eine Flut von Anmeldungen, die die Kommission in ihrer Handlungsfähigkeit weitgehend einschränkten. Hierin ist wohl der Hauptgrund für die Reform zu sehen. Im Jahr 2003 gab es 262 neue Fälle, zum Jahresende waren noch 760 Fälle nicht bearbeitet.[16] Die Kommission reagierte nur noch, anstatt zu agieren und konnte somit ihrer Hauptaufgabe, der Bekämpfung von wettbewerbsbeschränkenden Kartellen, nur unzureichend nachkommen. Durch die EU-Osterweiterung hätte sich die Lage aufgrund steigender Anmeldungen enorm verschlechtert.[17]

Die mit der Reform einhergehende dezentrale Anwendung des EG-Kartellrechts hat darüber hinaus den Vorteil, dass nationale Behörden effizienter Kartelle verfolgen können als die Kommission. Sie besitzen bessere Kenntnis der Märkte, verfügen teilweise über ein gut ausgebautes Netzwerk an spezialisierten Beamten und haben verfahrensrechtlich schlagkräftigere Mittel, wie z.B. einstweilige Verfügungen.[18] Ein weiteres Motiv der Reformer war es, die künstliche Teilung des Art. 81 EG zu beseitigen.[19] Die nationalen Behörden konnten nämlich nur Abs. 1, nicht jedoch Abs. 3 anwenden.

Grundsätzlich gab es zwei Alternativen, die Missstände im EG-Kartellverfahrensrecht zu beseitigen. Entweder hätte das Genehmigungssystem verbessert, wie vom Bundeskartellamt und der Bundes-

---

[16] *Europäische Kommission:* XXXIII. Bericht über die Wettbewerbspolitik – 2003, S. 66 (SEK (2004) 658 endg. vom 4.6.2004)

[17] 3. Erwägungsgrund VO 1/2003; anzweifelnd jedoch *Emmerich*, WuW 2001, S. 3; *Monopolkommission*, Sondergutachten Nr. 28, Tz. 57-60

[18] Weißbuch, Tz. 46

[19] 4. Erwägungsgrund VO 1/2003

regierung favorisiert[20], oder es hätte ein Legalausnahmeprinzip eingeführt werden können. Schon im Weißbuch sprach sich die Kommission für die Abschaffung des Genehmigungs- und Anmeldesystem aus.

2. Legalausnahme

Ein Eckpfeiler der neuen Kartellverfahrensverordnung ist das System der Legalausnahme, welches in Art. 1 VO 1/2003 kodifiziert ist:

> „Vereinbarungen, Beschlüsse und aufeinander abgestimmte Verhaltensweisen im Sinne von Artikel 81 Absatz 1 des Vertrags, die nicht die Voraussetzungen des Artikels 81 Absatz 3 des Vertrags erfüllen, sind verboten, ohne dass dies einer vorherigen Entscheidung bedarf."

Die Anmeldung einer Vereinbarung zwischen Unternehmen ist nun nicht mehr nötig, sie ist von Anfang an wirksam und bedarf keiner konstitutiv wirkenden Genehmigung mehr. Das Prinzip der Legalausnahme erleichtert die Kommission um ein großes Stück ihres administrativen Verwaltungsaufwandes. Sie wird in Zukunft ihre Ressourcen besser zur Bekämpfung von schwerwiegenden Kartellverstößen einsetzen können.[21]

Für Unternehmen bedeutet dieser Paradigmenwechsel jedoch, dass sie selbständig prüfen müssen, ob Art. 81 Abs. 1 EG auf ihre Vereinbarung Anwendung findet und wenn ja, ob sie sich rechtmäßig auf Art. 81 Abs. 3 EG berufen können. Dies bringt einige Vorteile mit

---

[20] BT-Drucksache 14/6300, S. VI

[21] a.A. *Koenigs,* DB 2003, S. 755, 758

sich. Der hohe Verwaltungsaufwand und die damit verbundenen Kosten für eine Anmeldung bleiben den Unternehmen im neuen System erspart.[22] Dies ist vor allem für Unternehmen mittlerer Größe positiv, da für diese eine Anmeldung eine besonders hohe Belastung darstellte. Des Weiteren müssen die Unternehmen nicht erst auf eine Genehmigung einer Behörde warten, ihre Vereinbarung ist vielmehr sofort gültig. Dies wird sich vor allem im Bereich FuE auswirken, da man im Wettbewerb mit außereuropäischen Unternehmen durch diese Zeitersparnis einen entscheidenden Vorteil besitzt.

Nachteilig ist jedoch die wegfallende Sicherheit, die eine vorherige Anmeldung mit sich brachte. Die Möglichkeit einer freiwilligen Anmeldung wurde in der Diskussion des Weißbuchs erörtert und vor allem von der Industrie gefordert.[23] Zu Recht setzte sich dieses Begehren letztendlich nicht durch, da dadurch die Ziele der Reform verwässert würden. Rechtssicherheit für die Unternehmen sollen die Entscheidungspraxis der Gerichte und der Kommission sowie die Veröffentlichungen der Europäischen Kommission, also Gruppenfreistellungsverordnungen, Leitlinien und Bekanntmachungen, geben.

3. Dezentralisierung

Neben der Einführung des Legalausnahmesystems ist die zweite Säule der Reform die dezentrale Anwendung des gesamten Art. 81 EG. Bisher waren die nationalen Behörden und Gerichte nur berech-

---

[22] *Röhling*: GRUR 2003, S. 1019, 1020

[23] *Becher*, in: Schwarze (Hrsg.), Europäisches Wettbewerbsrecht im Wandel, S. 37

tigt, die Abs. 1 und 2, nicht jedoch Abs. 3 direkt anzuwenden.[24] Diese künstliche Trennung des Art. 81 EG wird somit überwunden.

a. **Nationale Wettbewerbsbehörden**

Die EU-Kommission gibt ihr Monopol bei der Anwendung des Art. 81 Abs. 3 EG auf. Diese Aufgabe sollen nunmehr die nationalen Behörden übernehmen.[25] Konkret regelt der Art. 5 VO 1/2003 die Zuständigkeit der nationalen Wettbewerbsbehörden. Sie sind demnach in Einzelfällen ermächtigt, Abstellungen von Zuwiderhandlungen und einstweilige Maßnahmen anzuordnen, Verpflichtungszusagen entgegenzunehmen sowie Geldbußen, Zwangsgelder und sonstige Sanktionen zu verhängen.

Die Kommission und die nationalen Wettbewerbsbehörden sollen nach Art. 11 Abs. 1 VO 1/2003 bei der Anwendung der EG-Wettbewerbsregeln eng zusammenarbeiten und ein Netzwerk der Wettbewerbsbehörden bilden. Die Kommission ist für die Koordinierung dieses Netzes verantwortlich und hat infolgedessen eine Bekanntmachung veröffentlicht, die die Zusammenarbeit näher bestimmt.[26] Demnach verlieren die einzelstaatlichen Behörden ihre Zuständigkeit, wenn die Kommission ein Verfahren an sich zieht.[27]

---

[24] *de Bronett*, in: Schröter/Jakob/Mederer (Hrsg.), Kommentar zum Europäischen Wettbewerbsrecht, Verordnung Nr. 17 Vorbemerkungen, Tz. 6, 9

[25] kritisch dazu: *Kingston,* ECLR 2001, S. 340

[26] Bekanntmachung über die Zusammenarbeit innerhalb des Netzes der Wettbewerbsbehörden (ABl. C 101 vom 27.4.2004, S. 43)

[27] *Gröning*: WRP 2001, S. 83

b. Nationale Gerichte

Die nationalen Gerichte sind gemäß Art. 6 VO 1/2003 für die Anwendung des Art. 81 EG zuständig. Sie können sich zur Einholung von Informationen und Stellungnahmen an die Kommission wenden.[28] Die nationalen Wettbewerbsbehörden und die Kommission können den einzelstaatlichen Gerichten schriftliche Stellungnahmen übermitteln und mit Erlaubnis des Gerichts auch mündlich zu einem anhängigen Verfahren Stellung nehmen.[29] Praktische Hilfestellung bei Verfahren, in denen Art. 81 EG angewendet wird, gibt eine Bekanntmachung der Kommission.[30]

4. Sonstige Regelungen der VO 1/2003

In der neuen Ratsverordnung sind auch einige weitere Regelungen enthalten, die der Vollständigkeit halber an dieser Stelle erwähnt sein sollen.

Zum einen wird in Art. 3 VO 1/2003 die Vorrangwirkung des Europäischen Wettbewerbsrechts vor dem einzelstaatlichen Recht manifestiert.[31] Zum anderen erhält die Kommission zur effektiveren Be-

---

[28] Art. 15 Abs. 1 VO 1/2003

[29] Art. 15 Abs. 3 VO 1/2003

[30] Bekanntmachung über die Zusammenarbeit der Kommission mit den Gerichten der EU-Mitgliedsstaaten bei Anwendung der Art. 81 und 82 des Vertrages (ABl. C 101 vom 27.4.2004, S. 54)

[31] dem positiv gegenüber: *Bechtold,* BB 2000, S. 2425, 2429; *Deringer,* EuR 2001, S. 306, 319 f.; *Ehlermann,* WuW 2001, S. 231; *Eilmansberger,* JZ 2001, S. 365, 370; *Gröning,* WRP 2001, S. 83, 87 f.; *Hossenfelder/Lutz,* WuW 2003, S.118, 120 f.; *Kingston,* ECLR 2001, 340, 345; a.A. *Möschel,* WuW 2001, S. 147; Art. 3 VO 1/2003 für rechtswidrig haltend: *Basedow,* in:

kämpfung von schwerwiegenden Kartellverstößen erweiterte Befugnisse. Dazu gehören Nachprüfungen in Privatwohnungen, das Recht zur Zeugenvernehmung sowie das Festsetzen erhöhter Zwangsgelder. Gemäß Art. 7 VO 1/2003 ist die Kommission auch befugt, die Abstellung von Zuwiderhandlungen anzuordnen. Diese Regelung war in der alten Verfahrensverordnung nur ungenau geregelt.[32] Im Extremfall kann dies, unter strenger Beachtung des Verhältnismäßigkeitsprinzips, bis hin zur Entflechtung von Unternehmen führen.[33]

III. Zusammenfassung

Durch die neue VO 1/2003 des Rates gibt es einen Paradigmenwechsel in der Anwendung der Art. 81 und 82 EG. Kernpunkte sind zum einen die Umstellung von einem Genehmigungssystem auf ein System der gesetzlichen Ausnahme und zum anderen die dezentrale Anwendung der EG-Wettbewerbsvorschriften. Daneben enthält die Verordnung weitere Regelungen zur besseren Bekämpfung von Kartellverstößen.

Die Kommission erhofft sich mit der Reform, auch im Hinblick auf die EU-Osterweiterung, eine deutliche Reduzierung des Verwaltungsaufwands und damit mehr Möglichkeiten, schwerwiegende Kartellverstöße aufzudecken und zu verfolgen.

Für die Unternehmen stellt sich die Frage, inwieweit die Rechtssicherheit noch gegeben ist, da der „sichere Hafen" der Anmeldung nunmehr weggefallen ist.

Einhorn (Hrsg.), Spontaneous Order, Organisation and the Law, S. 20; *Federico Pace,* EuZW 2004, S. 301, 303-305

[32] *Weitbrecht,* EuZW 2003, S. 69, 71

[33] *Hossenfelder/Lutz,* WuW 2003, S. 121

C. FuE-Kooperationen aus ökonomischer und wettbewerbsrechtlicher Sicht

Innovationen gelten als ausschlaggebender Faktor für Produktivität, Wettbewerbsfähigkeit, Wachstum und Beschäftigung.[34] Die Bereitstellung von modernen Technologien wird oftmals als Schlüssel zum wirtschaftlichen Erfolg angesehen. Unternehmen, vor allem in hoch innovativen Sektoren wie beispielsweise Gentechnik, Informationstechnologie und Verfahrenstechnik, sehen sich der Aufgabe gegenüber, neue Erkenntnisse so schnell wie möglich in marktfähige Produkte und effiziente Verfahren umzusetzen, um wettbewerbsfähig zu bleiben. So könnte der Eindruck entstehen, dass sich eine wettbewerbsrechtliche Kontrolle und somit staatliches Eingreifen verbieten würden. Warum dennoch FuE-Tätigkeiten einer kartellrechtlichen Prüfung unterzogen werden, soll Gegenstand des folgenden Kapitels sein. Dazu werden FuE-Kooperationen aus ökonomischer Perspektive betrachtet. Anschließend wird gezeigt, wie das Europäische Wettbewerbsrecht solche Kooperationen behandelt.

---

[34] *Franz*, F&E-Kooperationen aus wettbewerbspolitischer Sicht, S. 13

I. Ökonomische Beurteilung von FuE-Kooperationen

1. Forschung und Entwicklung als Wettbewerbsfaktor

FuE-Aktivitäten werden in drei Phasen gegliedert: Grundlagenforschung, angewandte Forschung und experimentelle Entwicklung.[35] Entscheidend für das Kartellrecht ist die Nähe zum Produktmarkt, denn hier können Wettbewerbsbeschränkungen am ehesten auftreten. Die Grundlagenforschung ist eine Domäne großer Unternehmen, der Universitäten und der staatlich geförderten Großforschungseinrichtungen, wie z.B. der Max-Planck-Institute.[36] Hier sind Verfälschungen des Wettbewerbs am wenigsten zu erwarten.

Der eigentliche Entwicklungsprozess gliedert sich in die Phasen der Invention, Innovation und der Diffusion.[37] Dabei stellt die Invention das eigentlich Neue dar, also die Erfindung selbst. Die Innovation ist die erstmalige kommerzielle Anwendung des Neuen und in der Phase der Diffusion breitet sich das neue Produkt oder Verfahren in der Volkswirtschaft aus. In der letztgenannten Phase ahmen Wettbewerber das Produkt nach, was als Imitation bezeichnet wird.

Nach heutigen Vorstellungen kann der Wettbewerb nur als ein dynamischer Prozess mit offenem Ausgang betrachtet werden. Von Hayek entwickelte dazu die Theorie vom Wettbewerb als Entdeckungsverfahren.[38] Schumpeter sieht den Pionierunternehmer als

---

[35] *OECD*, Frascati Manual, S. 25

[36] *Fuchs*, Kartellrechtliche Grenzen der Forschungskooperation, S. 37

[37] *Fuchs*, F&E-Kooperationen aus wettbewerbspolitischer Sicht, S. 56

[38] *von Hayek*, Der Wettbewerb als Entdeckungsverfahren, S. 249 ff.

Initiator dieses Prozesses.[39] Er ist es, der mit einem neuen oder verbesserten Produkt (Invention) als erster in den Markt eintritt (Innovation), um sich einen Vorsprung vor den Wettbewerbern zu sichern. Dann kommen andere Unternehmen hinzu (Imitation), entweder angelockt durch die möglichen Gewinne oder aber aufgrund der Angst, bestehende Marktanteile zu verlieren.

Die Innovationsbereitschaft des Pioniers ist jedoch nur gegeben, wenn die Nachahmer mit einer gewissen Verzögerung auf seinen Vorstoß reagieren.[40] Dies sichert ihm ein „prozessuales Leistungsmonopol, mit dem er eine Monopolrente beziehen kann".[41] Die Monopolstellung ist jedoch wettbewerblich bedingt und solange unschädlich, wie der freie Marktzutritt gewährleistet ist. Die Imitatoren verdrängen sodann den Vorsprung des Pioniers und sorgen für eine schnellere Verbreiterung der Neuerung in der Volkswirtschaft. Der Pionier wiederum versucht, durch Verbesserungen und Preissenkungen seine Marktposition zu verteidigen.[42] Dieses Prinzip von Vorstoß und Nachahmung sichert dauerhaft die Forschung und Entwicklung und trägt somit zur Produktivitätssteigerung bei.[43]

---

[39] *Cox/Hübener,* in: Cox/Jens/Markert (Hrsg.), Handbuch des Wettbewerbs, S. 6

[40] *Kirchner,* GRUR Int. 2004, S. 603, 604

[41] *Cox/Hübener,* in Cox/Jens/Markert (Hrsg.), Handbuch des Wettbewerbs, S. 7; einen mehr mathematischen Ansatz verfolgt *Bester,* Theorie der Industrieökonomik, S. 171-174

[42] *Fuchs,* Kartellrechtliche Grenzen der Forschungskooperation, S. 59 f.

[43] *Weimann,* Wirtschaftspolitik, S. 273

2. Kooperationen in Forschung und Entwicklung

a. Beweggründe und Formen

Voraussetzung für Innovationen ist eine extensive Aktivität im Bereich Forschung und Entwicklung. Die Unternehmen sehen sich dabei mit hohen Kosten und großen Risiken konfrontiert. Ob und wann sich ein Forschungserfolg verwerten lässt, ist oft ungewiss. Zudem kommt die Unsicherheit, ob sich das entwickelte Produkt oder Verfahren am Markt durchsetzten wird. Letztlich werden die Unternehmen mit der Gefahr konfrontiert, dass ein Wettbewerber das Entwicklungsziel früher erreicht und somit den Markteintritt als erster realisiert. Um die Kosten und Unsicherheiten zu minimieren, bietet sich eine Kooperation mehrerer Unternehmen in diesem Bereich an.[44]

Zwischenbetriebliche Zusammenarbeit ist in vielen Formen denkbar. So kann nach Dauer, Umfang, Intensität und rechtlicher Organisationsform unterschieden werden. Für die kartellrechtliche Zulässigkeit von Kooperationen kommt es vor allem auf die Reichweite und die Intensität der Zusammenarbeit an sowie auf die wettbewerbliche Beziehung der Partner zueinander.[45] Bei der Intensität reicht die Spanne von einem lockeren Wissens- und Erfahrungsaustausch über eine Koordinierung von FuE-Aktivitäten bis hin zur gemeinschaftlichen Forschung und Entwicklung, deren intensivste Form sich in einem Gemeinschaftsunternehmen widerspiegelt.[46]

---

[44] *Monopolkommission:* VIII. Hauptgutachten, S. 337 f.

[45] *Fuchs,* Kartellrechtliche Grenzen der Forschungskooperation, S. 38 f.

[46] *Monopolkommission:* VIII. Hauptgutachten, S. 338

b. Nebenabreden

Oft werden von den Unternehmen Nebenabreden getroffen, wenn sie gemeinsame Forschung und Entwicklung anstreben. Nebenabreden sind Vereinbarungen, die über die bloße Koordinierung der Zusammenarbeit hinausgehen. Sie regeln die effiziente Durchführung der Arbeiten und die Verwertung der Ergebnisse.[47] Die Nebenabreden können geeignet sein, den Wettbewerb auf dem Produktmarkt zu beschränken, z.b. durch Preisabsprachen oder Marktaufteilungen, weshalb sie der kartellrechtlichen Würdigung bedürfen. Es sind verschiedene Nebenabreden denkbar:

So ist es bei einer Kooperation notwendig, dass die beteiligten Unternehmen ihre Patente und ihr technisches Know-how einbringen. Dies muss auch für Erkenntnisse gelten, die ein Unternehmen aus der parallel durchgeführten Eigenforschung gewinnt.[48] So wird verhindert, dass ein Unternehmen dem anderen Wissen vorenthält aber andererseits von dem Wissen des Partners profitiert.

Ein weiterer wichtiger Punkt bei der Gestaltung von Kooperationsvereinbarungen ist die Geheimhaltung. Dies gilt sowohl für das eingebrachte Know-how des Partners als auch für das daraus entwickelte Wissen. Im Laufe eines FuE-Prozesses verschmelzen eingebrachte und gewonnene Erkenntnisse zu einer untrennbaren Einheit. Eine Weitergabe von Know-how an Dritte könnte somit Schutzrechte des Kooperationspartners verletzen.[49] Ähnlich gelagert sind Verwendungsbeschränkungen. Ein Unternehmen hat ein Interesse daran, dass das von ihm eingebrachte Wissen nur zum Zwecke der Durchführung des FuE-Projekts und zur Verwertung der daraus hervorge-

---

[47] *Hansen,* WuW 1999, S. 469

[48] *Monopolkommission,* VIII. Hauptgutachten, S. 351; *Winzer,* GRUR Int., S. 413, 414

henden Ergebnisse genutzt wird. Es soll verhindert werden, dass der Partner das Know-how in anderen Bereichen einsetzt, ohne dafür einen Preis zu zahlen. Es kommt also auf die Vermeidung von Spillover-Effekten[50] an.

Wettbewerbsverbote sind ein oft gewähltes Mittel, um das Kooperationsziel schnell und effektiv zu erreichen. Die Untersagung, in gleichen oder verwandten Gebieten zu forschen, soll die ganze Aufmerksamkeit des Unternehmens auf das jeweilige FuE-Projekt lenken. Im Falle eines Gemeinschaftsunternehmen (GU) sind zwei Fälle denkbar: Zum einen wird vereinbart, dass das GU seine Aktivitäten nicht auf Bereiche ausdehnt, in denen eine der Mutterunternehmen schon tätig ist. Zum anderen wird oft verboten, dem GU durch Ausdehnung der Eigenforschung Konkurrenz zu machen.[51]

Verwertungsvereinbarungen sind dann kartellrechtlich problematisch, wenn jeder Partner die erzielten Ergebnisse nicht uneingeschränkt selbständig vermarkten kann. Nutzungsrechte können nach technischen Anwendungsbereichen oder Absatzgebieten aufgeteilt werden, je nach Tätigkeitsschwerpunkt der Unternehmen. Die Ergebnisse können aber auch durch das GU gemeinsam verwertet werden.[52] Die Gefahr bei Verwertungsbeschränkungen besteht in der möglichen Ausschaltung wesentlichen Wettbewerbs zwischen den Partnern auf dem Produktmarkt.

Eine letzte Gruppe von Nebenabreden sind so genannte Ausschlussklauseln. Mit ihnen wird es Dritten verwehrt, an der Koopera-

---

[49] *Fuchs,* Kartellrechtliche Grenzen der Forschungskooperation, S. 51

[50] *Bester,* Theorie der Industrieökonomik, S. 189; *Vonortas,* Cooperation in Research and Development, S. 17 f.; *Winzer,* GRUR Int., S. 413, 415

[51] *Fuchs,* Kartellrechtliche Grenzen der Forschungskooperation, S. 52

[52] *Fuchs,* Kartellrechtliche Grenzen der Forschungskooperation, S. 54; *Winzer,* GRUR Int., S. 413, 415

tion teilzunehmen. Es werden aber auch Klauseln vereinbart, die die Weitergabe der gewonnenen Erkenntnisse, z.B. durch Lizenzen, ausschließen oder beschränken. Natürlich ist auch hier eine kartellrechtliche Prüfung unerlässlich, da wettbewerbsschädliche Markteintrittsschranken errichtet werden können.[53]

c. Vor- und Nachteile der gemeinsamen Forschung und Entwicklung

(1) Vorteile

Für Unternehmen ist Forschung und Entwicklung mit großen Risiken und hohen Unsicherheiten behaftet. Es besteht die Gefahr, dass die mit hohen Kosten verbundene Forschung nicht die gewünschten Ergebnisse erbringt oder sich erheblich verzögert. Im Zuge des Patentrennens besteht immer das Risiko, dass ein Wettbewerber früher eine schutzfähige Innovation entwickelt.[54] Vor allem für kleine und mittlere Betriebe gestalten sich der hohe Kapitalaufwand und die Beschäftigung von ausreichend qualifiziertem Personal als besonders schwierig.[55]

Diese Probleme können mit Hilfe einer Zusammenarbeit mit anderen Unternehmen verringert oder teilweise beseitigt werden. Für kleine und mittlere Betriebe ist dies oft der einzige Weg, überhaupt

---

[53] *Fuchs,* Kartellrechtliche Grenzen der Forschungskooperation , S. 55

[54] *Bester,* Theorie der Industrieökonomik, S. 181-185; *Weimann,* Wirtschaftspolitik, S. 266-273

[55] *Franz,* F&E-Kooperationen aus wettbewerbspolitischer Sicht, S. 30; *Fuchs,* Kartellrechtliche Grenzen der Forschungskooperation, S. 72

Forschung und Entwicklung zu betreiben. In einigen Industriezweigen, wie z.b. der Luft- und Raumfahrt, ist es selbst für große Konzerne nicht möglich, ohne Kooperationen neue Produkte zu entwickeln.[56] Der größte Vorteil ist jedoch die Verteilung der Kosten und Risiken auf mehrere Schultern. Dabei können Größenvorteile, so genannte „economies of scale", ausgenutzt werden. Durch diese Kosteneinsparung ist es möglich, mehrere und größere Projekte in Angriff zu nehmen.[57]

Neben dem einzelnen Unternehmen kann auch die gesamte Volkswirtschaft von Kooperationen bei Forschungs- und Entwicklung profitieren. Die Unternehmen werden ihre Ressourcen dort einsetzen, wo sie komparative Vorteile haben.[58] Eine Zusammenarbeit vermeidet unnötige Parallelforschung, wodurch das Kapital auf andere Bereiche konzentriert werden kann.[59] Erst durch den Vorteil der Kosten- und Risikoteilung entschließen sich Unternehmen überhaupt, FuE zu betreiben. Somit können Bereiche erschlossen werden, auf denen vorher nicht geforscht wurde. Des Weitern steigern mehrere Unternehmen auf dem Forschungsmarkt den Wettbewerb und damit den Innovationsdruck.[60] Unter Ausnutzung von Synergieeffekten kann die Innovation somit schneller realisiert werden und die Technologie steht der Volkswirtschaft eher zu Verfügung. Ein weiterer Vorteil ergibt sich aus dem schon erwähnten Zugang zu Patenten und dem

---

[56] *Fuchs*, Kartellrechtliche Grenzen der Forschungskooperation, S. 73

[57] *Monopolkommission:* VIII. Hauptgutachten, S. 349; *Ullrich*, Kooperative Forschung und Entwicklung, S. 29; *Vonortas*, Cooperation in Research and Development, S. 20

[58] *Franz*, F&E-Kooperationen aus wettbewerbspolitischer Sicht, S. 31; *Monopolkommission*, VIII. Hauptgutachten, S. 349

[59] *Glader*, World Competition 2001, S. 513, 530; *Ordover/Baumol*, Oxford Review of Economic Policy 1988, S. 27 f.; a.A. *Neumann*, Wettbewerbspolitik, S. 161

[60] *Monopolkommission*, VIII. Hauptgutachten, S. 349

Austausch von technischem Know-how.[61] Dadurch werden technisches Wissen und andere Informationen in der Volkswirtschaft verbreitet.

Positive Effekte für eine Volkswirtschaft treten auch dann zutage, wenn jedes Mitglied der Kooperation die Ergebnisse frei verwerten kann. Dann konkurrieren die Partner auf dem Produktmarkt, was sich durch verschiedene Versionen der neuen Technologie ausdrückt. Wird mit der Innovation ein völlig neuer Markt geschaffen, besteht in der Anfangsphase der einzig effektive Wettbewerb auf dem Markt durch die Konkurrenten.[62]

(2) Nachteile

Durch die Zusammenarbeit können tatsächlicher und potentieller Wettbewerb zwischen den Partnern beschränkt und die Marktposition Dritter beeinträchtigt werden.[63] Sollte sich durch die Kooperation der Wettbewerb auf dem Forschungsmarkt verringern, sinkt auch der Innovationsdruck auf beide Unternehmen. Es kann zu einer Verlangsamung der FuE-Aktivitäten kommen.[64] Die Konzentration auf die Zusammenarbeit kann die Unternehmen aber auch dazu bewegen, eigenständige Forschungsarbeiten einzustellen. Dadurch verschwinden Parallelversuche, die mögliche alternative Lösungen von vornher-

---

[61] *Monopolkommission,* VIII. Hauptgutachten, S. 349; siehe dazu auch Gliederungspunkt „Nebenabreden" (C. I. 2. b.), S. 13 ff.

[62] *Fuchs,* Kartellrechtliche Grenzen der Forschungskooperation, S. 74

[63] *Monopolkommission,* VIII. Hauptgutachten, S. 349

[64] *Monopolkommission,* VIII. Hauptgutachten, S. 350

ein ausschließen.[65] Begründen die Unternehmen durch ihre Zusammenarbeit eine marktbeherrschende Stellung auf dem Forschungsmarkt, können andere, vor allem kleinere und mittlere Betriebe, von FuE-Aktivitäten abgeschreckt werden. Dies kann sogar zu einem derartigen Poolen von Patenten und Know-how führen, dass für andere Wettbewerber die Marktzutrittsschranken unüberwindbar hoch sind. Sie können damit nicht in den Forschungsmarkt eintreten und die Kooperation verhindert so eine effektive Konkurrenz durch Außenseiter auf dem Markt.[66]

Ein etabliertes Unternehmen kann auch eine Zusammenarbeit mit einem aufstrebenden Rivalen eingehen, nur um entsprechendes Know-how und Einblicke in die Strategien des Partners zu erhalten. Dies kann dann zu einer Kontrolle des Wettbewerbers führen, die in einer Fusion enden kann. Denkbar ist auch, dass die FuE-Kooperation nur als Deckmantel für eine versteckte Gebiets- oder Gewinnaufteilung eingegangen wird.[67] Ein weiteres Problem ist, dass die effizienzsteigernden Wirkungen ab einer bestimmten Unternehmensgröße abnehmen.[68] Praktisch drückt sich dies in Effizienzverlusten bei zu großen Forschungseinrichtungen aus. Die dann notwendigen administrativen Vorgänge können zu Verzögerungen und Abstimmungsproblemen führen. Letztlich ist es möglich, dass durch die Zusammenarbeit der Wettbewerbsdruck zwischen den Partnern nachlässt. Dies kann sich nicht nur auf den unmittelbar betroffenen

---

[65] *Mestmäcker/Schweitzer,* Europäisches Wettbewerbsrecht, S. 747; *Monopolkommission,* VIII. Hauptgutachten, S. 349

[66] *Monopolkommission:* VIII. Hauptgutachten, S. 350

[67] *Fuchs,* Kartellrechtliche Grenzen der Forschungskooperation, S. 77

[68] *Monopolkommission,* VIII. Hauptgutachten, S. 350; *Schmidt, Ingo,* Wettbewerbspolitik und Kartellrecht, S. 84 f.

Produktmarkt auswirken, sondern auch auf andere Märkte, in denen sich die Unternehmen als Konkurrenten gegenüberstehen.[69]

3. Aufgaben des Kartellrechts

Wie gezeigt wurde, können Forschungs- und Entwicklungskooperationen sowohl wettbewerbsfördernde als auch wettbewerbshemmende Wirkungen hervorrufen. Ullrich ordnet Forschung und Entwicklung als eine unternehmerische Tätigkeit ein, „die auf Wahrung und Stärkung der Wettbewerbsfähigkeit des Unternehmens zielt und deshalb bei ihrer Vergemeinschaftung der Kartellaufsicht unterstellt werden muss"[70]. Diese Kartellaufsicht, als Mittel der Wettbewerbspolitik, ist also zur Schaffung und Aufrechterhaltung eines wettbewerblichen Umfeldes zuständig, „in dem die F&E-Fähigkeit der Unternehmen gestärkt und ihre Neigung zu F&E-Aktivitäten erhalten oder angeregt wird".[71]

---

[69] *Monopolkommission,* VIII. Hauptgutachten, S. 350

[70] *Ullrich,* Kooperative Forschung und Entwicklung, S. 148

[71] *Fuchs,* Kartellrechtliche Grenzen der Forschungskooperation, S. 81; so auch *Glader,* World Competition 2001, S. 513, 530

II. FuE-Kooperationen aus wettbewerbsrechtlicher Sicht

1. Zielkonflikt

Gemäß Art. 3 Abs. 1 lit. n EG gehört zum Tätigkeitsfeld der Europäischen Gemeinschaft die Förderung der Forschung und technologischen Entwicklung. Dies drückt sich in konkreten Fördermaßnahmen aus.[72] Dem gegenüber steht die Aufgabe der Gemeinschaft, ein System unverfälschten Wettbewerbs zu gewährleisten.[73]

Eine Zusammenarbeit zwischen Unternehmen kann die Entwicklung neuer Produkte und Verfahren bewirken, so dass alte Güter ersetzt werden können oder eine völlig neue Nachfrage geschaffen wird. Auf der anderen Seite besteht die Gefahr, dass mittels einer Kooperation unter dem Deckmantel der gemeinsamen Forschung und Entwicklung ein Kartell praktiziert wird. Dies könnte Aufteilung von Märkten, Beschränkung der Produktion und Absprachen über Preise nach sich ziehen. Solche Absprachen führen zur Verfälschung, mitunter sogar zur Ausschaltung des Wettbewerbs.[74]

---

[72] vgl. *Europäische Kommission:* The Sixth Framework Programme (ABl. L 232 vom 29.8.2002, S. 1); siehe auch *Ullrich/Konrad,* in: Immenga/Mestmäcker (Hrsg.), EG-Wettbewerbsrecht, Bd. I, GRUR E. I., Rn. 1

[73] Art. 3 Abs. 1 lit. g EG

[74] so auch *Liebscher/Petsche,* in: Liebscher/Flohr/Petsche (Hrsg.), Handbuch der EU-Gruppenfreistellungsverordnungen, § 11 Rn. 2

2. Lösungsansatz

Zentraler Lösungsansatz dieses Zielkonflikts ist die Veröffentlichung der Gruppenfreistellungsverordnung über FuE-Vereinbarungen[75] und der Erlass der Leitlinien[76] über horizontale Zusammenarbeit.[77] Die GVO stellt FuE-Kooperationen vom Kartellverbot des Art. 81 Abs. 3 EG frei, wenn ein Marktanteil von 25% nicht überschritten wird. Sollte die GVO nicht anwendbar sein, können die horizontalen Leitlinien, insbesondere der spezielle Teil über FuE-Vereinbarungen, bei der Auslegung der Freistellungsvoraussetzungen des Art. 81 Abs. 3 EG hilfreich sein.

Die Europäische Gemeinschaft steht FuE-Kooperationen generell aufgeschlossen gegenüber. Nicht nur die erwähnten Leitlinien und die FuE-GVO, sondern auch die wenigen Verfahren der Kommission in diesem Bereich verleihen dieser Politik Nachdruck.[78]

III. Zusammenfassung

Forschung und Entwicklung sind wichtige Wettbewerbsfaktoren. Für den technischen und wirtschaftlichen Fortschritt sind sie unerlässlich. FuE-Kooperationen sind grundsätzlich ein geeignetes Mittel, um die hohen Kosten und Risiken zu teilen und somit die Forschungs-

---

[75] VO Nr. 2659/2000 (ABl. L 304 vom 29.11.2000, S. 7), im Folgenden auch „FuE-GVO"

[76] Leitlinien zur Anwendbarkeit von Art. 81 EG-Vertrag auf Vereinbarungen über horizontale Zusammenarbeit (ABl. C 3 vom 6.1.2001, S. 2); im Folgenden „horizontale Leitlinien"

[77] *Mestmäcker/Schweitzer,* Europäisches Wettbewerbsrecht, S. 753

[78] vgl. *Emmerich,* in: Dauses (Hrsg.), Handbuch des EU-Wirtschaftsrechts, Bd. 2, H. I. § 1 Rn. 208; *Neumann,* Wettbewerbspolitik, S. 163

und Entwicklungsanreize zu verstärken. Andererseits können sie auch wettbewerbsbeschränkende Eigenschaften aufweisen. Insbesondere durch Nebenabreden, wie z.b. Verwertungsbeschränkungen und Wettbewerbsverbote, kann es zu Beschränkungen kommen, die sich dann negativ auf den FuE-Prozess oder den relevanten Produktmarkt auswirken.

Unter Berücksichtigung der Förderung von Forschung und Entwicklung auf der einen und dem Schutz des Wettbewerbs vor Verfälschungen auf der anderen Seite ist die Gemeinschaft bestrebt, eine innovationsfreundliche Wettbewerbs- und Industriepolitik zu gestalten. Dazu veröffentlichte sie die FuE-GVO und die horizontalen Leitlinien, welche in den folgenden Kapiteln näher beleuchtet werden.

D. Rechtssicherheit bei Kooperationen in Forschung und Entwicklung

I. Problemstellung und Abgrenzung zu anderen Kooperationen

Wie im vorherigen Abschnitt gezeigt wurde, sind FuE-Kooperationen ein probates Mittel, um im Innovationswettbewerb bestehen zu können. Es ist jedoch unerlässlich, dass die Unternehmen eine kartellrechtliche Prüfung der Zulässigkeit ihrer Vereinbarung vornehmen. Ob und anhand welcher Kriterien eine rechtlich fundierte Bewertung der Kooperation erfolgen kann, soll im folgenden Kapitel untersucht werden.

Es ist zunächst notwendig, die FuE-Kooperation zu anderen Formen der Zusammenarbeit abzugrenzen. Grundsätzlich ist es möglich, dass FuE-Kooperationen auch zwischen Unternehmen unterschiedlicher Wirtschaftsstufen praktiziert werden. Diese vertikalen Vereinbarungen sollen aber nicht Gegenstand der Untersuchung sein, da von ihnen weniger beschränkende Absprachen zu erwarten sind. Maßgeblich zur Beurteilung solcher Absprachen sind die VO 2790/1999[79] zu vertikalen Vereinbarungen und die einschlägigen Leitlinien[80]. Zudem finden sich im Europäischen Wettbewerbsrecht eine Fülle von sektorspezifischen Regelungen, z.B. für die Versicherungswirtschaft oder die Verkehrswirtschaft. Diese sollen auch von der Betrachtung ausgenommen sein. Sie werden durch Verordnungen des Rates und der

---

[79] ABl. L 336 vom 29.12.1999, S. 21; vgl. auch *Emmerich,* Kartellrecht, S. 406

[80] ABl. C 291 vom 13.10.2000, S. 1; vgl. auch *Bunte,* Kartellrecht, S. 389 f.

Kommission geregelt.[81] Zuletzt werden solche Vereinbarungen nicht behandelt, die unter den Anwendungsbereich der Fusionskontrollverordnung[82] fallen.

II. Beurteilung anhand von Gruppenfreistellungsverordnungen

Die Gruppenfreistellungsverordnungen sollen im System der Legalausnahme „den ersten Platz"[83] unter den Rechtstexten einnehmen. In der Literatur wurde jedoch die Wirksamkeit dieses Ansatzes in Frage gestellt. Die Gruppenfreistellungsverordnungen hätten nicht mehr die gewünschte konstitutive Wirkung[84] und könnten somit nicht zur Rechtseinheitlichkeit und Rechtssicherheit beitragen. Daher soll im folgenden Teil die Wirkung von GVOen im Legalausnahmesystem analysiert werden. Zunächst ist es erforderlich, den rechtlichen Status von GVOen im alten Anmelde- und Genehmigungssystem darzustellen. Anschließend setzt sich der Autor mit dem Meinungsstand auseinander, aus welchem sich der Lösungsweg des Problems erschließt. Nachdem die Frage der Bindungswirkung geklärt wurde, kann auf dieser Grundlage eine Analyse der Bewertungskriterien der FuE-GVO erfolgen.

---

[81] eine Übersicht mit Fundstellen findet sich in den horizontalen Leitlinien, Fn. 15

[82] VO Nr. 139/2004 über die Kontrolle von Unternehmenszusammenschlüssen (ABl. L 24 vom 29.1.2004, S. 1)

[83] Weißbuch, Tz. 85

[84] bei einer deklaratorischen Wirkung wird das Bestehen eines Rechts lediglich fest- bzw. klargestellt; durch eine konstitutive Wirkung wird ein Recht begründet, gestaltet oder aufgehoben; *Creifelds,* Rechtswörterbuch, S. 302

1. GVOen im Anmelde- und Genehmigungssystem

a. Rechtsgrundlagen

Gruppenfreistellungsverordnungen gehören zum sekundären Gemeinschaftsrecht. Materielle Grundlage ist Art. 81 Abs. 3 EG, der auch eine Freistellung von „Gruppen von Vereinbarungen" zulässt. Der Rat wird durch Art. 83 Abs. 2 lit. b EG ermächtigt, die Einzelheiten der Anwendung von Art. 81 Abs. 3 EG zu regeln. Diese Kompetenz hat er der Kommission per Verordnung[85] übertragen. Diese machte von ihrer Befugnis Gebrauch und erließ eine Reihe von Gruppenfreistellungsverordnungen. Der Gerichtshof hat in seinem Urteil „Italienische Klage"[86] dieses zweistufige Rechtssetzungsverfahren bestätigt.

b. Rechtliche Wirkung

Gruppenfreistellungsverordnungen sind Rechtstexte i.S.d. Art. 249 Abs. 2 EG. Sie sind demnach in allen ihren Teilen verbindlich und gelten unmittelbar in jedem Mitgliedsstaat. Das bedeutet, dass die

---

[85] für FuE-Kooperationen ist die VO Nr. 2821/71 (ABl. L 285 vom 29.12.1971, S. 46) relevant; eine Übersicht zu den übrigen Ratsverordnungen geben *Flohr/Hero,* in: Liebscher/Flohr/Petsche (Hrsg.), Handbuch der EU-Gruppenfreistellungsverordnungen, § 2 Rn. 9

[86] Urteil EuGH, Rs. 32/65 („Italienische Republik/Rat und Kommission"), Slg. 1966, S. 457, 481 f.

GVOen in den Genuss der Vorrangwirkung des Gemeinschaftsrechts kommen, also das nationale Recht überlagern.[87]

Fiel eine Vereinbarung unter eine GVO, war sie sofort wirksam und eine Anmeldung war nicht erforderlich.[88] Einerseits ersparte dieses Verfahren den Unternehmen viel Zeit, andererseits wurde die Kommission in ihrem Arbeitsaufwand entlastet. Die Unternehmen konnten sich, sofern die Kriterien der GVO erfüllt waren, unmittelbar auf die freistellende Wirkung gegenüber jedermann berufen. Die GVO hatte konstitutive Wirkung.[89] Da das Verbot des Art. 81 Abs. 1 EG nicht mehr griff, konnten auch keine Bußgelder verhängt werden.[90]

Der Vorteil einer gruppenweisen Freistellung griff auch dann durch, wenn die vier Voraussetzungen des Art. 81 Abs. 3 EG objektiv nicht vorlagen. In diesem Fall behielt sich die Kommission vor, den Vorteil der GVO im Einzelfall zu entziehen.[91]

Die Kommission hatte in Bezug auf Erlass und Anwendung der GVOen eine Monopolstellung inne.[92] Nationale Behörden waren lange Zeit nicht befugt, GVOen zu überprüfen. Durch die Verordnung des Rates Nr. 1215/1999 wurden sie dann aber ermächtigt, den

---

[87] *Petsche/Rinne,* in: Liebscher/Flohr/Petsche (Hrsg.), Handbuch der EU-Gruppenfreistellungsverordnungen, § 5 Rn. 49; bestätigt durch Urteil EuGH, Rs. 6/64 („Costa/E.N.E.L."), Slg. 1964, S. 1253, Ls. 7

[88] *Rittner,* Wettbewerbs- und Kartellrecht, S. 230

[89] *Emmerich,* Kartellrecht, S. 382

[90] Vgl. Art. 15 Abs. 1 lit. a und Abs. 2 lit. a VO 17/62; so auch *Dannecker,* in: Immenga/Mestmäcker (Hrsg.), EG-Wettbewerbsrecht, Bd. II, Art. 15 VO 17, Rn. 132

[91] Art. 7 VO 2821//71; *Bunte,* in: Langen/Bunte (Hrsg.), Kommentar zum deutschen und europäischen Kartellrecht, Bd. I, Art. 81-Generelle Prinzipien, Rn. 201

[92] Art. 9 Abs. 1 VO 17/62

Vorteil der GVO für vertikale Vereinbarungen zu entziehen, wenn die Vereinbarung Wettbewerbsbeschränkungen im Gebiet eines Mitgliedsstaats hervorruft und dieses Gebiet alle Merkmale eines gesonderten Marktes aufweist.[93] Freilich hatte dieser Entzug nur Wirkung für das Gebiet des Mitgliedsstaats.

Grundsätzlich galt jedoch, dass die mitgliedsstaatlichen Behörden und Gerichte an die Gruppenfreistellungsverordnung gebunden waren. Sie konnten keine Vereinbarungen verbieten, die durch eine GVO freigestellt waren. Dies folgte aus dem schon erwähnten Verordnungscharakter der GVOen: Sie sind unmittelbar geltendes Recht und genießen Vorrang gegenüber nationalen Gesetzen.

2. GVOen im System der Legalausnahme

a. Intention der VO 1/2003

In einem System der Legalausnahme ist es wichtig, dass die Anwendung der Vorschriften durch Behörden und Gerichte vorhersehbar und kohärent ist.[94] Die Unternehmen müssen nämlich künftig selbst prüfen, ob sie gegen Art. 81 Abs. 1 EG verstoßen oder nicht. Verlässliche und rechtlich verbindliche Bewertungsmaßstäbe sind erforderlich, um den Unternehmen trotz der Selbstveranlagung ausreichend Rechtssicherheit zu bieten. Nach dem Willen der Kommis-

---

[93] vgl. Art. 1 Nr. 4 VO 1215/99 (ABl. L 148 vom 15.6.1999, S. 1)

[94] Weißbuch, Tz. 84

sion soll den GVOen ein maßgeblicher Anteil an der Schaffung von Rechtssicherheit und Rechtseinheitlichkeit zukommen.[95]

Die schon bestehenden GVOen sollen wirksam bleiben und die Kommission soll auch weiterhin ermächtigt sein, neue GVOen zu erlassen, jedoch nur im Rahmen der ihr vom Rat zugebilligten Befugnisse.[96] Sie wird dabei auf den neuen Typ von Gruppenfreistellungsverordnungen zurückgreifen können, wie er auch schon in den GVOen über FuE, über Spezialisierungsvereinbarungen[97] und über vertikale Vereinbarungen realisiert wurde.[98] Der neue Typ von GVOen folgt einem mehr wirtschaftlich orientierten Ansatz als die bisherigen, indem er z.B. auf weiße Klauseln gänzlich verzichtet.

b. **Verbindlichkeit von Gruppenfreistellungsverordnungen**

Verbindliche Bewertungsmaßstäbe sind also unerlässlich für die Rechtssicherheit von Unternehmen. Genau diese Verbindlichkeit der GVOen wurde aber von Teilen der Literatur in Frage gestellt.

---

[95] Weißbuch, Tz. 85

[96] Art. 29 VO 1/2003; vgl. auch 10. Erwägungsgrund VO 1/2003

[97] ABl. L 304 vom 5.12.2000, S. 3

[98] VO 2659/2000, Tz. 7; kritisch zu einzelnen Maßnahmen: *Bueren,* WRP 2004, S. 567-575; eine wirtschaftliche Betrachtungsweise als nichts neues im Kartellrecht betrachtend: *Böge,* WuW 2004, S. 726-733

(1) Standpunkt der deklaratorischen Wirkung

(a) Deklaratorische Wirkung aufgrund des Legalausnahmesystems

Als einer der Ersten machte *Deringer* auf die Problematik der Gruppenfreistellungsverordnungen aufmerksam.[99] Im System der Legalausnahme sei eine Vereinbarung bereits dann vom Kartellverbot freigestellt, wenn die Voraussetzungen des Art. 81 Abs. 3 EG vorliegen. Die Vorschrift sei „self-executing"[100], auf eine behördliche Entscheidung komme es nicht mehr an, da sie nur noch deklaratorisch wirke. Somit gäbe es im neuen System keine „Freistellungen" mehr, da dies konstitutive Verwaltungsakte seien. Die Kommission respektive die nationalen Behörden könnten nur noch feststellen, dass kein Grund bestehe, gegen eine Vereinbarung vorzugehen, d.h. die Erteilung eines Negativattests. Aus diesem Grund sei auch eine Gruppen-„Freistellung" nicht mehr möglich. Sie wäre vielmehr ein deklaratorisch wirkender Gruppen-„Negativattest" ohne formelle Bindungswirkung.[101]

---

[99] *Deringer,* EuZW 2000, S. 5, 7-10

[100] *Bechtold,* BB 2000, S. 2425, 2426

[101] *Deringer,* EuZW 2000, S. 5, 7; *ders.,* EuR 2001, S. 306, 311; so auch *Bartosch,* WuW 2000, S. 462, 466; *Bechtold,* BB 2000, S. 2425, 2427; *ders.,* in: Schwarze (Hrsg.), Europäisches Wettbewerbsrecht im Zeichen der Globalisierung, S. 147; *ders.,* EWS 2001, S. 49, 54; *ders.,* WuW 2003, S. 343; *Ehlermann,* CMLR 2000, S. 537, 566; *Fuchs,* in: Schwintowski (Hrsg.), Entwicklungen im deutschen und europäischen Wirtschaftsrecht, S. 123; *Gröning,* WRP 2000, S. 882, 883; *ders.,* WRP 2001, S. 83, 85; *Koenig/Haratsch,* Europarecht, S. 315; *Koenigs,* DB 2003, S. 755, 759; *Monopolkommission,* Sondergutachten Nr. 28, Tz. 16; *dies.,* Sondergutachten Nr. 32, Tz. 11; *Paulweber/Kögel,* AG 1999, S. 500, 507; *Röhling,* GRUR 2003, S. 1019, 1023; *Weiß,* in: Calliess/Ruffert (Hrsg.), EUV/EGV, Art. 81 EG-Vertrag, Rn. 150

(b) Fehlende Rechtsgrundlage für GVOen

Weiterhin wurde argumentiert, dass GVOen im Legalausnahmesystem nicht länger als Durchführungsvorschriften i.S.d. Art. 83 EG angesehen werden könnten. Demnach ist der Rat bzw. die Kommmission zum Erlass von Verordnungen befugt, um die in den Art. 81 und 82 niedergelegten Grundsätze zu verwirklichen. Allerdings beschränke sich diese Ermächtigung lediglich auf verfahrensrechtliche Regelungen, eine Änderung des materiellen Gehalts von Art. 81 Abs. 3 EG sei ausgeschlossen. Eine Gruppenfreistellung, die durch ihren Verordnungscharakter konstitutiv wirke, ändere aber gerade die Substanz von Art. 81 Abs. 3 EG. Somit hätten die GVOen im Legalausnahmesystem keine Rechtsgrundlage. Diese müsste vielmehr, so Deringer, durch eine Änderung des EG-Vertrags hergestellt werden. Ohne eine Überarbeitung des Art. 83 EG seien Gruppenfreistellungsverordnungen nicht mehr als „amtliche Leitlinien" ohne „bindende Wirkung".[102]

(c) GVOen als unwiderlegbare Vermutung

Dieser Argumentation folgend erscheinen Gruppenfreistellungsverordnungen im Legalausnahmesystem sinnwidrig, denn sie erklärten - ohne bindende Wirkung - „was von Rechts wegen sowieso"[103] schon gelte. Deshalb versuchte *Bechtold*, den GVOen eine andere Funktion zukommen zu lassen. Er schlug eine neue Definition der GVOen dahingehend vor, dass sie eine unwiderlegbare Vermutung

---

[102] *Deringer,* EuZW 2000, S. 5, 8

[103] *Bechtold,* BB 2000, S. 2425, 2426 f.

für die Voraussetzungen des Art. 81 Abs. 3 EG begründeten.[104] Kann ein Unternehmen substantiiert darlegen, dass die Vereinbarung die Kriterien der GVO erfüllt, soll es von der weitergehenden Beweislast des Art. 2 VO 1/2003 befreit sein.[105]

(2) Standpunkt der konstitutiven Wirkung

Die Argumentation scheint zunächst nachvollziehbar, da konstitutive Entscheidungen einem Legalausnahmesystem in der Tat widersprechen. Dennoch gibt es gewichtige Gründe, die für eine weiterhin rechtsgestaltende Wirkung der GVOen sprechen.

(a) Trennung von Einzel- und Gruppenfreistellung

Zunächst ist auf die unterschiedlichen Handlungsformen einzugehen, mit denen eine Freistellung im alten System erreicht werden konnte, also mit Entscheidungen und Verordnungen.

Die Einzelfreistellungen der VO 17/62 waren Entscheidungen der Kommission nach Art. 249 Abs. 4 EG. Diese Rechtsakte waren für diejenigen verbindlich, die sie bezeichneten. Die Kommission prüfte in einem Verfahren, ob die Voraussetzungen des Art. 81 Abs. 3 EG kumulativ vorlagen und erteilte sodann eine Einzelfreistellung.[106] Diese begründete einen neuen Rechtszustand und war für nationale

---

[104] *Bechtold,* BB 2000, S. 2425, 2427

[105] *Bechtold,* EWS 2001, S. 49, 54

[106] Art. 6 VO 17/62

Behörden und Gerichte verbindlich.[107] Durch die Einführung des Legalausnahmesystems ist diese Handlungsform unstreitig weggefallen, da eine Freistellung direkt aus Art. 81 Abs. 3 EG folgt.

Gruppenfreistellungsverordnungen hingegen sind Rechtsakte nach Art. 249 Abs. 2 EG. In dieser Vorschrift ist unmissverständlich Folgendes geregelt:

> „Die Verordnung hat allgemeine Geltung und ist in allen ihren Teilen verbindlich und gilt unmittelbar in jedem Mitgliedsstaat."

Die Verordnung gehört zum sekundären Gemeinschaftsrecht und ist ein abstrakt-genereller Rechtssatz.[108] Oft wird sie auch als „Gesetz im materiellen Sinne bezeichnet".[109] Die sich aus einer GVO ergebende Freistellungswirkung wird allein durch den Verordnungscharakter der GVO begründet und nicht durch eine Entscheidung der Kommission.[110]

Einzelfreistellung und Gruppenfreistellungsverordnung wurden also unzulässigerweise miteinander vermischt.[111] Dabei wurde wohl der Wortbestandteil „Freistellung" als verbindendes Element zwischen beiden Rechtsinstituten genommen. Das Legalausnahmesystem stellt eine Vereinbarung ipso iure frei, sofern sie die Voraussetzungen des

---

[107] *Sauter*, in: Immenga/Mestmäcker (Hrsg.), EG-Wettbewerbsrecht, Bd. I, Art. 85 Abs. 3, Rn. 2

[108] *Ruffert*, in: Calliess/Ruffert (Hrsg.), EUV/EGV, Art. 249 EG-Vertrag, Rn. 38

[109] *Schmidt, Karsten*, BB 2003, S. 1237, 1241; *Schroeder*, in: Streinz (Hrsg.), EUV/EGV, Art. 249 EGV, Rn. 54; *Wagner*, WRP 2003, S. 1369, 1375

[110] *Brinker*, in: Schwarze (Hrsg.), EU-Kommentar, Artikel 81 EGV, Tz. 67; *Mestmäcker/Schweitzer*, Europäisches Wettbewerbsrecht, § 13 Rn. 23 f.; *Saria*, in: Liebscher/Flohr/Petsche (Hrsg.), Handbuch der EU-Gruppenfreistellungsverordnungen, § 1 Rn. 110 *Wagner*, WRP 2003, S. 1369, 1375

[111] vgl. *Wagner*, WRP 2003, S. 1369, 1374

Art. 81 Abs. 3 EG erfüllt. Eine behördliche Freistellungsentscheidung ist somit überflüssig, weshalb die Kommission auch keine Einzelfreistellungen mehr erteilt. Allerdings darf man dieses Vorgehen nicht auf die Gruppenfreistellungsverordnungen übertragen. In der Verordnung 1/2003 ist ausdrücklich davon die Rede, dass die GVOen auch weiterhin gelten sollen.[112]

Gruppenfreistellungsverordnungen erlangen ihre Rechtsverbindlichkeit also aus dem Verordnungscharakter, der ihnen kraft Art. 249 Abs. 2 EG innewohnt. Daher entfalten sie doch konstitutive Wirkung.[113]

(b) Ermächtigung zum Erlass von GVOen

Wie oben dargestellt, spricht sich *Deringer* gegen Art. 83 EG als Ermächtigungsgrundlage zum Erlass von GVOen im Legalausnahmesystem aus. Dies ist m.E. unzutreffend. Gruppenfreistellungsverordnungen fallen sehr wohl in den Anwendungsbereich von Art. 83 Abs. 2 lit. b EG. Die genaue Bezeichnung von bestimmen Gruppen von Vereinbarungen und die Aufzählung nicht freistellungsfähiger Klauseln genügt den Anforderungen des Art. 81 Abs. 3 EG an eine Konkretisierung seiner unbestimmten Tatbestände.[114] Zwar dürfen die GVOen den materiellen Gehalt des Art. 81 Abs. 3 EG in der Tat nicht ändern. Insoweit ist den Kritikern zuzustimmen. Doch aufgrund

---

[112] 10. Erwägungsgrund VO 1/2003

[113] *Eilmansberger*, JZ 2001, S. 365, 373 f.; *Jaeger*, WuW 2000, S. 1062, 1066; *Mestmäcker/Schweitzer*, Europäisches Wettbewerbsrecht, § 13 Rn. 9; *Schmidt, Karsten*, BB 2003, S. 1237, 1241; *Wagner*, WRP 2003, S. 1369, 1374 f.; *Weyer*, ZHR 2000, S. 611, 628; offensichtlich auch für eine Verbindlichkeit: *Dreher/Thomas*, WuW 2004, S. 8, 9

des generell-abstrakten Charakters der GVO ist, im Gegensatz zur Freistellung im Einzelfall, eine modifizierte Prüfung erforderlich. So kann es nicht gänzlich ausgeschlossen werden, dass eine Vereinbarung von einer GVO erfasst wird, obwohl die Voraussetzungen des Art. 81 Abs. 3 EG nicht erfüllt sind.[115] Eine Ablehnung des Art. 83 EG als Ermächtigungsgrundlage kann daraus aber nicht abgeleitet werden, sofern Korrekturmechanismen bestehen, wie z.B. der Entzug des Rechtsvorteils.[116]

Da in Art. 29 VO 1/2003 ein solches Instrument zum Entzug des Vorteils einer GVO verankert ist, kann nicht von einer rechtswidrigen materiellen Änderung des Art. 81 Abs. 3 EG ausgegangen werden. Somit bleibt auch im System der Legalausnahme Art. 83 Abs. 2 lit. b EG die Rechtsgrundlage für bestehende und künftige GVOen.[117]

(c) Konstitutivwirkung trotz Legalausnahmesystem

In der Literatur wurde zuweilen geäußert, dass GVOen zwar verbindliche Rechtsakte darstellen, jedoch nur eine deklaratorische Wirkung entfalten.[118] Die Befürworter dieser Ansicht begründen ihre Argumentation damit, dass konstitutive Akte in einem Legalausnah-

---

[114] *Reidlinger,* in: Streinz (Hrsg.), EUV/EGV, Art. 83 EGV, Rn. 7; im Ergebnis auch *Brunn,* VO 1/2003 und Auswirkungen auf GVOen, S. 45 f.

[115] *Mestmäcker/Schweitzer,* Europäisches Wettbewerbsrecht, § 13 Rn. 20

[116] *Veelken,* in: Immenga/Mestmäcker (Hrsg.), EG-Wettbewerbsrecht, Bd. I, GFVO A., Rn. 4

[117] *Wagner,* WRP 2003, S. 1369, 1374

[118] *Brunn,* VO 1/2003 und Auswirkungen auf GVOen, S. 82; *Gliem,* Die Gruppenfreistellungen im aktuellen und kommenden EG-Kartellrecht, S. 74-84; *Saria,* in: Liebscher/Flohr/Petsche (Hrsg.), Handbuch der EU-Gruppenfreistellungsverordnungen, § 1 Rn. 110

mesystem keinen Raum hätten. Eine rechtsgestaltende Wirkung wird zum Teil nur dann bejaht, wenn eine unter eine GVO fallende Vereinbarung nicht mit Art. 81 Abs. 3 EG übereinstimmt.[119] Dennoch erkennen sie den Verordnungscharakter der GVOen an und kommen somit zu dem Ergebnis, dass Gruppenfreistellungsverordnungen für nationale Behörden und Gerichte verbindlich sind.

Diese Rechtsauffassung erscheint unzutreffend. Für eine konstitutive Wirkung spricht vor allem Art. 29 VO 1/2003. Demnach können die Kommission bzw., in einem begrenzten Rahmen, auch nationale Behörden den Rechtsvorteil einer GVO entziehen. Eine solche Vorschrift macht aber nur dann Sinn, wenn der Rechtsvorteil durch konstitutiven Akt herbeigeführt wurde. Sollte eine GVO nur deklaratorisch wirken, gäbe es nichts zu entziehen.[120]

Im Ergebnis existieren also zwei Legalausnahmen nebeneinander: Die primärrechtliche des Art. 81 Abs. 3 EG und die sekundärrechtliche der Gruppenfreistellungsverordnung. Dass daraus nicht zwingend ein Widerspruch erwächst, soll später untersucht werden (D. II. 2. c.).

(d) GVOen als unwiderlegliche Vermutung?

Nachdem klargestellt wurde, dass GVOen auch im System der Legalausnahme konstitutive Wirkung entfalten, ist der Vorschlag von *Bechtold* zur Neudefinition der GVOen überholt. Trotzdem soll auf diesen Gedanken kurz eingegangen werden. Im neuen wie auch im alten System gab es nämlich eine ähnliche Funktion der GVOen.

---

[119] *Gliem,* Die Gruppenfreistellungen im aktuellen und kommenden EG-Kartellrecht, S. 82-84

[120] *Wagner,* WRP 2003, S. 1369, 1375; dieser Ansatz findet sich auf bei *Bechtold,* BB 2000, S. 2425, 2427

Tatsächlich ist der Beweis, dass die Voraussetzungen des Art. 81 Abs. 3 EG vorliegen, schwieriger, als die Einschlägigkeit einer GVO darzulegen. Wem Letzteres gelingt, der führt auch gleichzeitig den indirekten Beweis für die Voraussetzungen des Art. 81 Abs. 3 EG. Die alleinige Funktion der GVOen in der Beweislasterleichterung zu sehen ist jedoch zu kurz gegriffen und wird der Bedeutung der GVOen nicht gerecht.[121]

c. **Verhältnis primär- und sekundärrechtlicher Legalausnahme**

Unabhängig von der Wirkungsweise muss geklärt werden, in welcher Beziehung GVOen und Art. 81 Abs. 3 EG im System der Legalausnahme stehen. Gruppenfreistellungsverordnungen würden doch keinen Sinn machen, wenn sie lediglich etwas freistellten, was sowieso schon gelte.[122] Dass dies jedoch nicht zwingend einen Widerspruch darstellt, soll anhand der Lehre der Doppelwirkungen im Recht und dem Nebeneinander kartellrechtlicher Legalausnahmen gezeigt werden.

(1) **Doppelwirkungen im Recht**

Die Lehre von den Doppelwirkungen im Recht besagt, dass zwei prinzipiell gleich wirkende Tatsachen auch nebeneinander gelten können.[123] Entwickelt wurde diese Theorie von *Kipp* in seiner grund-

---

[121] *Gliem,* Die Gruppenfreistellungen im aktuellen und kommenden EG-Kartellrecht, S. 85 f.

[122] *Bechtold,* BB 2000, S. 2425, 2426 f.

[123] *Röhl,* Allgemeine Rechtslehre, S. 130

legenden Monografie „Doppelwirkungen im Recht"[124]. Insbesondere wurde damit die Möglichkeit der Anfechtung eines nichtigen Rechtsgeschäfts begründet. Die Lehre hat sich nach herrschender Meinung[125] durchgesetzt, auch wenn es in einigen Fällen praktisch bessere Lösungsmöglichkeiten gibt.[126]

Als Beispiel seien Fallkonstellationen aus dem BGB erwähnt: Ein Vertrag kann auf verschiedene Weisen nichtig sein. So kann er der Schriftform nicht genügen und gleichzeitig wegen der Geschäftsunfähigkeit einer Partei zur Unwirksamkeit führen. Sowohl § 125 BGB als auch § 105 BGB haben hier parallel die Nichtigkeit zur Folge.[127] Aber auch sein Eigentum kann man in einem Prozess auf zwei Gründe stützen, z.B. durch Übereignung und Ersitzung. Wenn man nur die Übereignung beweist, heißt das nicht automatisch, dass die Ersitzung nur deklaratorisch wirkt. Vielmehr erzeugen beide Tatbestände dieselbe Rechtsfolge.[128]

In gleicher Weise definiert sich das Verhältnis von Gruppenfreistellungsverordnungen und Art. 81 Abs. 3 EG. Wenn eine Vereinbarung freigestellt ist, weil die Voraussetzungen des Abs. 3 vorliegen, kann parallel eine freistellende Wirkung durch eine GVO in Betracht kommen – und zwar konstitutiv. Der Nutzen dieser doppelten Frei-

---

[124] *Kipp*, in: Festschrift für von Martitz, S. 211-233

[125] *Flume*, Rechtsakt und Rechtsverhältnis, S. 12 f.; *Palandt/Heinrichs*, Überbl. v. § 104 Rn. 35; *Röhl*, Allgemeine Rechtslehre, S. 129 f.; *Soergel/Hefermehl*, § 142 Rn. 7; *Wendlandt*, in: Bamberger/Roth, § 142 Rn. 4; einschränkend aber: *Mayer-Maly/Busche*, in: Münchener Kommentar zum Bürgerlichen Gesetzbuch, § 142 Rn. 11; *Staudinger/Roth*, § 142 Rn. 27

[126] *Oellers*, AcP 1969, S. 67-79

[127] *Röhl*, Allgemeine Rechtslehre, S. 130

[128] *Kipp*, in: Festschrift für von Martitz, S. 221; siehe auch *Wagner*, WRP 2003, S. 1369, 1377

stellungswirkung ist ein erhöhtes Maß an Rechtssicherheit, oder mit den Worten von *Kipp* schließend:

> „Es ist vielmehr weit richtiger, dass demjenigen, der in der Hauptsache Recht hat, möglichste Freiheit in der Herleitung seines Rechtes aus allen Tatsachen gewährt wird, die irgend zu seinen Gunsten sprechen können."[129]

(2) Nebeneinander kartellrechtlicher Legalausnahmen

Wagner führt einen weiteren Aspekt an, der den „Gleichlauf" von Art. 81 Abs. 3 EG und den Gruppenfreistellungsverordnungen beschreibt.[130] Er verweist auf das Nebeneinander des Europäischen Kartellrechts und des deutschen Wettbewerbsrecht im Bereich der Spezialisierungskartelle. Nach § 3 GWB sind solche Syndikate legalisierbar, wenn die Kartellbehörde nicht binnen dreier Monate nach der Anmeldung widerspricht, § 9 Abs. 3 GWB. Die Freistellung wirkt dann ipso iure und nicht durch administrative Entscheidung. Auf europäischer Ebene gilt für solche Kooperationen die GVO über Spezialisierungsvereinbarungen.[131] Fällt eine Vereinbarung unter diese GVO, ist sie automatisch vom Kartellverbot freigestellt.

Deutsches und Europäisches Kartellrecht galten nebeneinander und nur im Konfliktfall genoss das Europäische Recht Vorrang.

---

[129] *Kipp,* in: Festschrift für von Martitz, S. 233

[130] *Wagner,* WRP 2003, S. 1369, 1377 f.

[131] VO Nr. 2658/2000 für Spezialisierungsvereinbarungen (ABl. L 304 vom 29.11.2000, S. 3)

Wagner geht in seiner Argumentation[132] davon aus, dass eine Spezialisierungsvereinbarung ihren Schwerpunkt in Deutschland hat. Die Unternehmen entschließen sich, diese Absprache beim Bundeskartellamt anzumelden, da nicht sicher ist, ob eine spürbare Beschränkung des zwischenstaatlichen Handels vorliegt. Verstreicht die Widerspruchsfrist des § 9 Abs. 3 GWB, ist die Vereinbarung vom Kartellverbot freigestellt.

Würde aber die Zwischenstaatlichkeit - bei nicht unüblich weiter Auslegung - bejaht werden, käme Europäisches Kartellrecht zur Anwendung und die Absprache wäre durch die VO 2658/2000 freigestellt. Somit läge ein Gleichlauf der beiden Legalausnahmen vor. Aus welchem Grund sollte man aber ernsthaft annehmen, dass die eine Freistellung nur deklaratorischen Charakter habe? Auch hier wirken beide Ausnahmen konstitutiv.

(3) Abweichen der GVOen von Art. 81 Abs. 3 EG

(a) GVO verstößt gegen Art. 81 Abs. 3 EG

Es wäre möglich, dass die GVO an sich die Voraussetzungen des Art. 81 Abs. 3 EG nicht erfüllt. Hierbei würde es sich um einen fehlerhaften Rechtsakt der Kommission handeln, den nur der Gerichtshof für ungültig erklären kann.[133] Solange die entsprechende GVO in Kraft ist, haben sich die Kommission wie auch nationale Behörden

---

[132] Beispiel mit Änderungen übernommen aus: *Wagner*, WRP 2003, S. 1369, 1378

[133] Art. 231 Abs. 1 EG

und Gerichte danach zu richten. Sollten Bedenken gegen eine Gruppenfreistellungsverordnung bestehen, ist der Gerichtshof anzurufen.[134] Nur bei der Notwendigkeit einstweiliger Maßnahmen kann die Anwendung der GVO vom nationalen Gericht ausgesetzt werden. Dieses ist aber verpflichtet, die Sache dem EuGH vorzulegen.[135] Allerdings wurde diese eher theoretische Konstellation von den Gereichten bislang noch nicht in Anspruch genommen.

(b) GVO weicht nur im Einzelfall von Art. 81 Abs. 3 EG ab

Praktisch größere Relevanz dürfte jedoch der Fall besitzen, dass eine Vereinbarung zwischen Unternehmen im Einzelfall die Voraussetzungen des Art. 81 Abs. 3 EG nicht erfüllt, aber unter eine GVO subsumiert werden kann. Auch in diesem Fall sind die mitgliedsstaatlichen Gerichte an die GVO gebunden, solange der Rechtsvorteil im Einzelfall nicht entzogen ist.[136] Die nationalen Gerichte sind mangels einer ausdrücklichen Regelung nicht befugt, den Vorteil einer Gruppenfreistellungsverordnung zu entziehen. Hat ein nationales Gericht oder eine Partei in einem Verfahren Bedenken gegen eine Absprache, die von einer GVO gedeckt ist, so kann die Kommission um Informationen oder um eine Stellungnahme gebeten werden.[137] Sie wird ihrerseits die Vereinbarung prüfen und gegebenenfalls ein Entziehungsverfahren einleiten. Während eines solchen Verfahrens hat das Gericht Art. 16 Abs. 1 VO 1/2003 zu berücksichtigen. Demgemäß darf es keine Entscheidung erlassen, die einer beabsichtigten

---

[134] Art. 230 EG

[135] *Wagner,* WRP 2003, S. 1369, 1379

[136] *Schmidt, Karsten,* BB 2003, S. 1237; *Wagner,* WRP 2003, S. 1369, 1379

[137] Art. 15 Abs. 1 VO 1/2003

Entscheidung der Kommission zuwiderläuft, Satz 2. Aufgrund dieser Ungewissheit werden die Gerichte vermutlich auf die Möglichkeit der Aussetzung des Verfahrens, Satz 3, zurückgreifen. Für Verfahren nach deutschem Recht ist dabei § 148 ZPO einschlägig.[138]

Erfüllt eine Absprache, die von einer GVO freigestellt wird, nicht die Voraussetzungen des Art. 81 Abs. 3 EG, wird der Rechtsvorteil der GVO im Einzelfall entzogen.[139] Diese Entscheidung hat konstitutive Wirkung.[140] Zuständig für solche Verfahren ist nach Art. 29 Abs. 1 der VO 1/2003 die Kommission. Sollten die schädlichen Wirkungen der Vereinbarung nur ein Gebiet oder Teilgebiet eines Mitgliedsstaates betreffen und weist dieses (Teil-) Gebiet alle Merkmale eines gesonderten räumlichen Marktes auf, ist auch die entsprechende nationale Behörde zum Entzug berechtigt, Art. 29 Abs. 2 VO 1/2003. Dieser Entzug des Rechtsvorteils wirkt dann freilich nur für dieses Gebiet.

Im Anmelde- und Genehmigungssystem konnte eine Entziehungsentscheidung mit einer Einzelfreistellung unter Auflagen oder Bedingungen verbunden werden.[141] Damit erhielten die Unternehmen die Möglichkeit, ihre Verträge entsprechend zu ändern und einem Verbot der Kooperation zu entgehen. Da es im neuen System keine konstitutiven Entscheidungen mehr gibt, entfällt diese Option. Das hat eine Schwächung der Rechtssicherheit zur Folge. Insbesondere für die mit hohem Risiko und großem Investitionsvolumen verbundenen FuE-Vereinbarungen bedeutet dies einen entscheidenden Rückschritt. Die Unternehmen könnten nur noch durch informelle Gespräche mit der

---

[138] *Wagner,* WRP 2003, S. 1369, 1379; siehe auch *Gottwald,* in: Rosenberg/Schwab/Gottwald (Hrsg.), § 19 Rn. 37; *Schmidt, Karsten,* in: Immenga/Mestmäcker (Hrsg.), Bd. II, Verfahren B., Rn. 50

[139] Art. 29 VO 1/2003; siehe auch 10. Erwägungsgrund dieser VO

[140] *Wagner,* WRP 2003, S. 1369, 1380; a.A. *Bechtold,* BB 2000, S. 2425, 2427

[141] Art 8 Abs. 1 VO 17/62

zuständigen Instanz und Streichung von kritischen Klauseln versuchen, eine Entziehungsentscheidung zu verhindern. Insoweit war das alte Verfahrensrecht dem neuen überlegen.[142]

3. Rechtssicherheit durch Gruppenfreistellungsverordnungen

a. Gruppenfreistellungsverordnungen im Allgemeinen

Wie dargestellt wurde, haben Gruppenfreistellungsverordnungen auch im System der Legalausnahme einen konstitutiven Charakter. Fällt eine Vereinbarung unter eine GVO, ist sie sofort vom Kartellverbot des Art. 81 Abs. 1 EG ausgenommen. Somit besteht für die Unternehmen weitestgehend formelle Rechtssicherheit. Es ist nunmehr zu untersuchen, nach welchen Kriterien die FuE-GVO eine Freistellung vom Kartellverbot des Art. 81 Abs. 1 EG gewährt, inwiefern also materielle Rechtssicherheit gegeben ist.

---

[142] *Wagner*, WRP 2003, S. 1369, 1380

b. Die Gruppenfreistellungsverordnung für FuE-Vereinbarungen[143]

(1) Aufbau und Neuerungen der FuE-GVO

Die VO 2659/2000 für Vereinbarungen über Forschung und Entwicklung ist die Nachfolgerin der VO 418/85[144], die Ende 2000 auslief. Mit der neuen Verordnung verfolgt die Kommission einen mehr wirtschaftsorientierten Ansatz. Sie untersucht, wie sich Vereinbarungen auf den relevanten Markt auswirken und berücksichtigt dabei, dass trotz gewisser Marktmacht die Vorteile für FuE die Nachteile für den Wettbewerb aufwiegen. Diese Gratwanderung versucht die Kommission mit Hilfe von begrenzten Freistellungszeiträumen und der Einführung von Marktanteilsschwellen zu bewältigen.[145]

Eine weitere Neuerung, die dem wirtschaftsorientierten Ansatz Rechnung tragen soll, ist die Abschaffung der so genannten „weißen Klauseln". In ihnen wurden Vereinbarungen angeführt, von denen angenommen wurde, dass sie den Wettbewerb im Gemeinsamen Markt per se nicht beschränken.[146] Dies führte jedoch zu einem „Zwangsjackeneffekt", d.h. die kooperationswilligen Unternehmen orientierten sich zu stark an diesen Klauseln. *Bechtold* bemerkte zutreffend, das dadurch eine Tendenz zur vertraglichen Uniformität

---

[143] VO Nr. 2659/2000 (ABl. L 304 vom 29.11.2000, S. 7); im Folgenden „FuE-GVO" bzw. „VO 2659/2000"

[144] ABl. L 53 vom 22.2.1985, S. 5; die Unterschiede zwischen alter und neuer FuE-GVO herausstellend: *Liebscher/Petsche,* in: Liebscher/Flohr/Petsche (Hrsg.), Handbuch der EU-Gruppenfreistellungsverordnungen, § 11 Rn. 66

[145] 7. Erwägungsgrund VO 2659/2000; vgl. auch: *Bueren,* WRP 2004, S. 567; *Bunte,* Kartellrecht, S. 396; *Polley/Seeliger,* WRP 2001, S. 494, 495

[146] *Europäische Kommission,* Glossar der Wettbewerbspolitik der EU, S. 52

bestand, anstatt eine vom Wettbewerb erzwungene Vielfalt.[147] Denn durch die Übernahme der weißen Klauseln in die Verträge blieben die durchaus vorhandenen Spielräume ungenutzt.

(2) Anwendungsbereich und positive Freistellungsvoraussetzungen

Die Verordnung grenzt den sachlichen Anwendungsbereich der Freistellung nach den Zielen der Kooperation ab und unterscheidet zwischen:

- gemeinsamer Forschung und Entwicklung mit gemeinsamer Verwertung,
- gemeinsamer Verwertung von Ergebnissen aufgrund von früherer FuE-Aktivitäten der Vertragsparteien sowie
- gemeinsamer Forschung und Entwicklung ohne gemeinsame Verwertung.[148]

Die positiven Freistellungsvoraussetzungen werden in Art. 3 der Verordnung genannt. So müssen alle Mitglieder der Kooperation Zugang zu den Ergebnissen der FuE haben. Eine Beschränkung dürfen nur Hochschulen und Forschungsinstitute vereinbaren, da diese meist nicht als Verwerter am Markt auftreten.[149]

Ist eine gemeinsame Verwertung nicht vorgesehen, so muss jeder die gewonnenen Erkenntnisse und schon bestehendes Know-how für

---

[147] *Bechtold,* EWS 2001, S. 49, 50

[148] Art. 1 VO 2659/2000; die Existenz von gemeinsamer FuE ohne Verwertungsregeln verneinend: *Winzer,* GRUR Int. 2001, S. 413, 416

[149] Art. 3 Abs. 2 VO 2659/2000; siehe auch 14. Erwägungsgrund VO 2659/2000; kritisch zur Formulierung dieser Regelung: *Winzer,* GRUR Int. 2001, S. 413, 416

sich verwerten können. Einschränkungen in diesem Bereich darf es nur geben, wenn die Unternehmen nicht miteinander konkurrieren.[150]

Des Weiteren ist es erforderlich, dass die Ergebnisse als geistiges Eigentum geschützt sind oder ihnen eine herausragende Bedeutung zukommt. Dieses Erfordernis verhindert, dass Vereinbarungen freigestellt werden, die FuE-Tätigkeiten nur am Rande betreffen und hauptsächlich anderen Zielen dienen.[151] Beispielhaft seien hier die Kooperationen zum Zwecke der gemeinsamen Lizenzgewährung bzw. der Spezialisierung in der Produktion genannt.[152]

Nicht zuletzt müssen auch alle Lieferaufträge der Kooperationsmitglieder erfüllt werden, sofern nicht ein gemeinsamer Vertrieb vorgesehen ist.[153]

(3) Marktanteilsschwelle und Freistellungsdauer

Ein zentrales Element der FuE-GVO ist die Marktanteilsschwelle von 25%. Sie richtet sich nach den Absatzwerten des vorhergehenden Kalenderjahres.[154] Hier kommt eine Besonderheit bei Forschungs- und Entwicklungsaktivitäten zur Geltung: Wird ein neues Produkt[155] entwickelt, welches einen völlig neuen Nachfragemarkt begründet, können keine Absatzwerte schon bestehender Produkte als Beurtei-

---

[150] Art. 3 Abs. 3 VO 2659/2000

[151] Art. 3 Abs. 4 VO 2659/2000

[152] *Bahr/Loest,* EWS 2002, S. 263, 266

[153] Art. 3 Abs. 5 VO 2659/2000

[154] Art. 6 Abs. 1 lit. a und b VO 2659/2000

[155] im Folgenden umfasst der Begriff „Produkt" auch Verfahren; diese können ebenso Gegenstand von FuE sein

lungsmaßstab herangezogen werden. Art. 6 Abs. 1 lit. a FuE-GVO stellt zwar bei Fehlen von Absatzwerten auf Schätzungen des Marktanteils ab, aber die horizontalen Leitlinien beinhalten eine andere, speziellere Regelung. Es ist anzunehmen, dass diese dem Art. 6 Abs. 1 lit. a FuE-GVO vorgehen soll.[156] An späterer Stelle werden die horizontalen Leitlinien noch behandelt.

Sind die Kooperationspartner keine konkurrierenden Unternehmen, gilt eine Freistellung für die gesamte Dauer der FuE-Phase. Bei gemeinsamer Verwertung der Ergebnisse wird die FuE-Vereinbarung zusätzlich für sieben Jahre freigestellt, beginnend mit dem Tag des ersten Inverkehrbringens des Produktes.[157] Nach Ablauf dieser Frist besteht die freistellende Wirkung solange fort, wie die addierten Marktanteile der Kooperationspartner 25% nicht übersteigen.[158] Wird der Schwellenwert nach Ablauf der sieben Jahre überschritten, gewährt Art. 6 Abs. 2 und 3 FuE-GVO den Unternehmen eine Übergangsfrist. Steigt der Anteil über 30%, beträgt der Übergangszeitraum ein Jahr. Ist der Marktanteil größer als 25%, aber kleiner als 30%, beträgt die Frist zwei Jahre.

Eine verschärfte Regelung trifft Vertragsparteien, die Wettbewerber sind. Eine Freistellung gilt nur, wenn der addierte Marktanteil der Kooperationspartner im Zeitpunkt des Vertragsschlusses 25% nicht überschreitet.[159] Ein Überschreiten des Marktanteils von 25% während der 7-Jahresfrist ist unschädlich. Diese Regelung ist sinnvoll, da die Kooperationspartner ihre Investitionen amortisieren können. So erhöht sich der Anreiz zur Forschung und Entwicklung. Nach diesem

---

[156] *Liebscher/Petsche,* in: Liebscher/Flohr/Petsche (Hrsg.), Handbuch der EU-Gruppenfreistellungsverordnungen, § 11 Rn. 40

[157] Art. 4 Abs. 1 VO 2659/2000

[158] Art. 4 Abs. 3 VO 2659/2000

[159] Art. 4 Abs. 2 VO 2659/2000

Zeitraum gelten jedoch, wie bei den Nichtwettbewerbern, Art. 4 Abs. 3 FuE-GVO und die Übergangsfristen des Art. 6 Abs. 2 und 3 der Verordnung.

Der Wortlaut des Art. 4 Abs. 2 FuE-GVO ist nicht vollkommen eindeutig formuliert:

> „Sind zwei oder mehrere beteiligte Unternehmen konkurrierende Unternehmen, so gilt die Freistellung nach Artikel 1 für den in Absatz 1 genannten Zeitraum nur, wenn zum Zeitpunkt des Abschlusses der Forschungs- und Entwicklungsvereinbarung die Summe der Anteile der beteiligten Unternehmen am relevanten Markt derjenigen Produkte, die durch die Vertragsprodukte verbessert oder ersetzt werden könnten, 25 % nicht überschreitet."

Der Verweis auf den in Abs. 1 genannten Zeitraum führte in der Literatur zu unterschiedlichen Interpretationen. Denn in Abs. 1 werden mit der FuE-Phase und der sich anschließenden Verwertungsphase gleich zwei Zeiträume genannt. Außerdem ist fraglich, ob mit „Abschluss der Forschungs- und Entwicklungsvereinbarung" das In-Kraft-Treten des Vertrages oder die Beendigung der Arbeiten gemeint ist.

Bahr/Loest meinen, dass die FuE-Phase auf jeden Fall freigestellt ist, die 25% sollen nur für den Verwertungszeitraum gelten. Sie stützen sich dabei auf eine teleologische Auslegung, wonach von reinen FuE-Kooperationen nur geringe Wettbewerbsbeschränkungen zu erwarten sind. Für diese Phase soll die Freistellung unabhängig von Marktanteilen gelten.[160]

---

[160] *Bahr/Loest*, EWS 2002, S. 263, 265

Dieser Ansicht ist m.E. nicht zu folgen. Ein Blick auf die englische Sprachfassung[161] wirft ein anderes Licht auf den Art. 4 FuE-GVO und schafft Klarheit: „Abschluss" wird dort als „is entered into" bezeichnet, womit der Beginn der Forschung und Entwicklung gemeint ist. Die englische Fassung beinhaltet in Abs. 1 auch nur einen Zeitraum („duration"), der sich um sieben Jahre verlängern kann („shall continue"). Somit ist festzuhalten, dass bei Überschreitung der 25%-Schwelle die FuE-Vereinbarung von Anfang an nicht freigestellt ist.[162]

(4) Negative Freistellungsvoraussetzungen: die schwarzen Klauseln

Als besonders wettbewerbsschädigend stuft die Kommission eine Reihe Vereinbarungen ein, die auf keinen Fall durch die FuE-GVO freigestellt werden sollen. Ist eine so genannte „Hardcore-Beschränkung" Teil einer Absprache, wird die Gruppenfreistellungsverordnung nach dem „Alles-oder-Nichts-Prinzip" insgesamt nicht anwendbar.[163]

---

[161] OJ L 304 vom 5.12.2000, S. 7

[162] *Liebscher/Petsche,* in: Liebscher/Flohr/Petsche (Hrsg.), Handbuch der EU-Gruppenfreistellungsverordnungen, § 11 Rn. 44; *Polley/Seeliger,* WRP 2001, S. 494, 500; im Ergebnis auch: *Gliem,* Die Gruppenfreistellungen im aktuellen und kommenden EG-Kartellrecht, S. 124; *Schroeder,* in: Grabitz/Hilf (Hrsg.), Das Recht der Europäischen Union, Art. 81 EGV (EL 17 Januar 2001); *Winzer,* GRUR Int. 2001, S. 413, 418

[163] Art. 5 Abs. 1 VO 2659/2000; vgl. auch 17. Erwägungsgrund der VO 2659/2000; gedeckt durch Urteil EuGH, Rs. 22/71 („Béguelin"), Slg. 1971, S. 949; *Liebscher/Petsche,* in: Liebscher/Flohr/Petsche (Hrsg.), Handbuch der EU-Gruppenfreistellungsverordnungen, § 11 Rn. 51 f.; jedoch eine Teilanwendbarkeit befürwortend: *GRUR-Vereinigung,* GRUR 2000, S. 588

(a) Anderweitige Forschung und Immaterialgüterrecht

Die Freiheit der Unternehmen, eigenständig oder mit Dritten anderweitige Forschung und Entwicklung zu betreiben, darf nicht beschränkt werden. Nach Beendigung des Projektes gilt dies auch für denselben oder einen damit zusammenhängenden Bereich der FuE-Kooperation.[164] Wie aber ein „Bereich" definiert ist, lässt die Kommission offen. Aufgrund ihrer Bedeutung verlangen die schwarzen Klauseln jedoch klare Abgrenzungskriterien, welche sich in diesem Fall nicht in der Verordnung finden. Es kann vermutet werden, dass den Unternehmen ein großzügiger Beurteilungsspielraum eingeräumt wird.[165]

Unzulässig soll auch die Verpflichtung sein, die Immaterialgüterrechte des Kooperationspartners nicht anzufechten. Unverständlich ist, warum diese Klausel als „Hardcore-Vereinbarung" angesehen wird, denn im Verhältnis zu Preisabsprachen und Marktaufteilungen sind eher geringe Beschränkungen des Wettbewerbs zu erwarten.[166]

(b) Klassische Kernbeschränkungen

Auch die klassischen „Hardcore-Vereinbarungen", nämlich die Beschränkung der Produktion oder des Absatzes sowie das Festsetzen von Preisen, verhindern naturgemäß eine Freistellung.[167] Sie führen

---

[164] Art. 5 Abs. 1 lit. a VO 2659/2000

[165] *Bahr/Loest,* EWS 2002, S. 263, 266 f.

[166] *Bahr/Loest,* EWS 2002, S. 263, 267; *Liebscher/Petsche,* in: Liebscher/Flohr/Petsche (Hrsg.), a.a.O., § 11 Rn. 56; *Winzer,* GRUR Int. 2001, S. 413, 416 f.; a.A. *GRUR-Vereinigung,* GRUR 2000, S. 588

[167] Art. 5 Abs. 1 lit. c und d VO 2659/2000

regelmäßig zu steigenden Preisen und sinkendem Angebot.[168] Ausnahmsweise sind nach Art. 5 Abs. 2 FuE-GVO die Aufstellung von Produktions- bzw. Verkaufszielen gestattet, sofern die Vertragspartner eine gemeinsame Produktion respektive einen gemeinsamen Vertrieb vereinbart haben.

(c) Kunden- und Gebietsaufteilung

Des Weiteren darf die Freiheit der Kundenwahl nach Ablauf der siebenjährigen Frist des Art. 4 Abs. 1 der Verordnung nicht eingeschränkt werden. Aus dem argumentum e contrario folgt, dass eine Beschränkung der Kundenwahl innerhalb der Frist erlaubt sein soll.[169]

Wettbewerbsschädigend und daher auch freistellungsunfähig ist das „Verbot des passiven Verkaufs der Vertragsprodukte in Gebieten, die anderen Vertragsparteien vorbehalten sind".[170] Unabhängig von dieser räumlichen Definition sind passive Verkäufe an Gruppen von Kunden, die einem anderen Kooperationspartner zugewiesen sind, zulässig.[171]

Eine Beschränkung des aktiven Verkaufs in Gebiete des Gemeinsamen Marktes, die einem anderen Vertragspartner zugewiesen sind, ist nach Art. 5 Abs. 1 lit. g FuE-GVO nur innerhalb der schon erwähnten Siebenjahresfrist zulässig. Damit soll eine regionale

---

[168] insoweit etwas unpräzise formuliert: *Bahr/Loest,* EWS 2002, S. 263, 267; sie meinen, dass diese Beschränkungen zu steigenden Preisen *oder* sinkendem Angebot führt, obwohl beide Erscheinungen auftreten

[169] Art. 5 Abs. 1 lit. e VO 2659/2000

[170] Art. 5 Abs. 1 lit. f VO 2659/2000

Marktaufteilung, vor allem nach Ablauf der siebenjährigen Frist, verhindert werden. Die Kommission hat es allerdings versäumt, die Begriffe „passiver Verkauf" und „aktive Verkaufspolitik" zu definieren. Die unbestimmten Begriffe bekommen Konturen, wenn man auf die vertikalen Leitlinien[172] zurückgreift. Diese sind freilich nicht direkt anwendbar, können aber zur Auslegung helfend zur Seite stehen. Die vertikalen Leitlinien konkretisieren in Textziffer 50 den passiven Verkauf als „Erfüllung unaufgeforderter Bestellungen" bzw. als „allgemeine Werbe- oder Verkaufsförderungsmaßnahmen in den Medien oder im Internet". Dagegen ist aktiver Verkauf die „aktive Ansprache individueller Kunden [...] mittels Direktversand von Briefen oder persönlichen Besuchs".[173]

(d) Lizenzierung

Unzulässig ist nach Art. 5 Abs. 1 lit. h FuE-GVO die

„Verpflichtung, Dritten keine Lizenzen für die Herstellung der Vertragsprodukte oder für die Abwendung der Vertragsverfahren zu erteilen, wenn die Verwertung der Ergebnisse der gemeinsamen Forschungs- und Entwicklungsarbeiten durch mindestens eine Vertragspartei selbst nicht vorgesehen ist oder nicht erfolgt".

---

[171] *Polley/Seeliger,* WRP 2001, S. 494, 501; unentschlossen: *Liebscher/Petsche,* in: Liebscher/Flohr/Petsche (Hrsg.), Handbuch der EU-Gruppenfreistellungsverordnungen, § 11 Rn. 60

[172] Leitlinien für vertikale Beschränkungen (ABl. C 291 vom 13.10.2000, S. 1)

[173] vertikale Leitlinien, Tz. 50

Diese wenig glückliche Formulierung des Gesetzgebers soll die Beschränkung der Erteilung von Lizenzen an Dritte regeln. Anders ausgedrückt stellt sich die Situation wie folgt dar: Sollte keiner der Kooperationspartner eine Verwertung der FuE-Ergebnisse beabsichtigen oder durchführen, ist eine Verpflichtung zwischen den Partnern, Dritten keine Lizenz zu erteilen, nicht freistellungsfähig.[174]

Aus makroökonomischer Perspektive ist der Sinn und Zweck dieses Verbotes einleuchtend: Es besteht die Gefahr, dass die Unternehmen nur gemeinsam forschen, um die Ergebnisse den Wettbewerbern zur Sicherung der eigenen Marktstellung vorzuenthalten. Somit würden die aus der Innovation resultierenden Effizienzgewinne der Allgemeinheit nicht zugute kommen.[175] Für die Vertragsparteien der FuE-Kooperation birgt die Einbeziehung dieser Klausel jedoch ein großes Risiko in sich. Entschließen sich die Unternehmen im Nachhinein, z.B. aufgrund unzureichender Ergebnisse des FuE-Projekts, von einer Verwertung abzusehen, wird die FuE-GVO insgesamt nicht anwendbar.[176] Genügt der Kooperationsvertrag zusätzlich nicht den Voraussetzungen des Art. 81 Abs. 3 EG, ist er nach Art. 81 Abs. 2 EG nichtig.[177] Dieses Risiko lässt sich aber vermeiden. Bei der Vertragsgestaltung ist die Lizenzbeschränkungsklausel mit einer auflösenden Bedingung für den Fall zu verbinden, dass keine Verwertung seitens der Kooperationspartner erfolgt.[178]

---

[174] a.A. *Koenigs,* in: Gutzler/Herion/Kaiser (Hrsg.), Wettbewerb im Wandel, S. 345 f.

[175] *Bahr/Loest,* EWS 2002, S. 263, 267 f.

[176] *Liebscher/Petsche,* in: Liebscher/Flohr/Petsche (Hrsg.), Handbuch der EU-Gruppenfreistellungsverordnungen, § 11 Rn. 52

[177] im Ergebnis auch: *Winzer,* GRUR Int. 2001, S. 413, 418 f.; nur den Vorteil der GVO in Gefahr sehend: *Bahr/Loest,* EWS 2002, S. 263, 268

[178] *Bahr/Loest,* EWS 2002, S. 263, 268

Die Auflistung der schwarzen Klauseln wird mit dem Verbot abgeschlossen, Parallelimporte zu beschränken, Art. 5 Abs. 1 lit. i und j FuE-GVO. Demgemäß sind Verpflichtungen nicht freistellungsfähig, welche Bestellungen von Parallelimporteuren verhindern (lit. i) oder den Bezug der Produkte durch Parallelimporteure in irgendeiner Weise erschweren (lit. j).

(5) Entzug der Freistellung

Gemäß Art. 7 FuE-GVO besteht die Möglichkeit, den Vorteil der Gruppenfreistellung zu entziehen.[179] Dazu ist erforderlich, dass eine Vereinbarung von der GVO erfasst wird, aber dennoch Wirkungen hat, die mit Art. 81 Abs. 3 EG nicht vereinbar sind.

Insbesondere zählt die Verordnung fünf Fallkonstellationen auf, in denen diese schädlichen Wirkungen vorliegen sollen: Dazu gehören die Einschränkung für Dritte, in dem relevanten Bereich zu forschen. Auch Zugangsbeschränkungen für Dritte zum Produktmarkt aufgrund der FuE-Kooperation ist ein Kriterium. Ferner soll der Vorteil entzogen werden, wenn die Ergebnisse ohne sachlich gerechtfertigten Grund nicht verwertet werden. Stehen die Vertragsprodukte nicht mit gleichen oder gleichartigen Produkten in Wettbewerb, soll die Freistellungswirkung auch entzogen werden können. Ähnlich verhält es sich, wenn wirksamer Wettbewerb bei Forschung und Entwicklung aufgrund der Kooperation ausgeschaltet wäre.[180]

Die Kommission kann von sich aus oder auf Antrag ein Entziehungsverfahren einleiten. Antragsberechtigt sind die Mitgliedsstaaten

---

[179] vgl. 19. Erwägungsgrund VO 2659/2000

[180] *Liebscher/Petsche,* in Liebscher/Flohr/Petsche (Hrsg.), Handbuch der EU-Gruppenfreistellungsverordnungen, § 11, Rn. 64

und natürliche oder juristische Personen, die ein berechtigtes Interesse geltend machen. Damit sind sowohl ausgeschlossene Wettbewerber als auch Nachfrager der FuE-Produkte gemeint.[181]

III. Hilfestellung durch Leitlinien und Bekanntmachungen

1. Stellung im System der Legalausnahme

Sollte eine Vereinbarung von einer GVO nicht erfasst sein, so muss Art. 81 Abs. 3 EG direkt angewendet werden. Im Wege der Selbstveranlagung müssen die Unternehmen prüfen, ob die vier Voraussetzungen kumulativ vorliegen. Die Kommission unterstützt sie bei der schwierigen Beurteilung der abstrakten Formulierungen mit der Veröffentlichung von Bekanntmachungen und Leitlinien. Diese Fülle an den teilweise sehr umfangreichen Rechtstexten erleichtert die kartellrechtliche Bewertung von Einzelfällen sicher nicht. Speziell für Forschungs- und Entwicklungskooperationen können folgende Veröffentlichungen der Kommission relevant sein:

- Bagatellbekanntmachung[182],

- horizontalen Leitlinien[183],

---

[181] *Bahr/Loest,* EWS 2002, S. 263, 268

[182] Bekanntmachung der Kommission über Vereinbarungen von geringer Bedeutung (de minimis), (ABl. C 368 vom 22.12.2001, S. 13); im Folgenden „Bagatellbekanntmachung"

[183] Leitlinien zur Anwendbarkeit von Art. 81 EG-Vertrag auf Vereinbarungen über horizontale Zusammenarbeit (ABl. C 3 vom 6.1.2001, S. 2); im Folgenden „horizontale Leitlinien"

- Leitlinien über den Begriff der Beeinträchtigung des zwischenstaatlichen Handels[184]
- Bekanntmachung über informelle Zusammenarbeit[185],
- Bekanntmachung über die Definition des relevanten Marktes[186],
- Leitlinien zur Anwendbarkeit des Art. 81 Abs. 3 EG[187].

Sie sollen im folgenden Abschnitt auf ihre Tauglichkeit zur Schaffung von Rechtssicherheit untersucht werden.

a. Rechtsnatur

Bekanntmachungen sind im Europäischen Kartellrecht nichts Neues.[188] Allerdings hat ihre Bedeutung ab Mitte der 90-er Jahre zugenommen. Beispielhaft seien hier die Bekanntmachung über die Definition des relevanten Marktes und die Leitlinien für das Verfahren zur Festsetzung von Geldbußen[189] genannt. Eine neue Qualität

---

[184] Leitlinien über den Begriff der Beeinträchtigung des zwischenstaatlichen Handels in den Artikeln 81 und 82 des Vertrags (ABl. C 101 vom 27.4.2004, S. 81); im Folgenden „Leitlinien Zwischenstaatlichkeit"

[185] Bekanntmachung über informelle Beratung bei neuartigen Fragen zu den Artikeln 81 und 82 des Vertrags, die in Einzelfällen auftreten (ABl. C 101 vom 27.4.2004, S. 78)

[186] ABl. C 372 vom 9.12.1997, S. 5

[187] Leitlinien über die Anwendung von Artikel 81 Abs. 3 EG-Vertrag (ABl. C 101 vom 27.04.2004, S. 97); im Folgenden „Leitlinien zur Anwendung Abs. 3"

[188] die ersten Veröffentlichungen waren die „Weihnachtsbekanntmachungen" (ABl. B 139 vom 24.12.1962, S. 2921 und ABl. B 139 vom 24.12.1962, S. 2922); vgl. auch *Bechtold*, EWS 2001, S. 49, 53

[189] ABl. C 9 vom 14.1.1998, S. 3

wird durch die Veröffentlichung der Leitlinien über horizontale und vertikale Vereinbarungen erreicht.[190]

Die Europäische Kommission selbst definiert Leitlinien und Bekanntmachungen ganz pragmatisch als:

„...von der Kommission angenommener Auslegungstext zur Erleichterung der Anwendung der Wettbewerbsregeln und zur Gewährleistung von Transparenz und Rechtssicherheit in Bezug auf die Verwaltungspraxis der Kommission".[191]

Ihrem Wesen nach sind es also veröffentlichte Verwaltungsgrundsätze, die die Auffassung der Kommission widerspiegeln, wie ein Regelfall ihrer Ansicht nach zu beurteilen sei. Sie existieren ohne jegliche Rechtsgrundlage, weder der Vertrag noch GVOen regeln Zustandekommen, Inhalt oder Wirkung. Anders als Richtlinien oder Verordnungen, gehören Leitlinien und Bekanntmachungen nicht zum sekundären Gemeinschaftsrecht und können somit auch nicht an dessen Vorrangwirkung teilnehmen.[192]

b. **Bindungswirkung**

Der Europäische Gerichtshof hat sich zur Bindungswirkung von Bekanntmachungen bisher nicht geäußert. Nach einhelliger Meinung der Literatur haben Leitlinien und Bekanntmachungen jedoch keine

---

[190] *Bechtold,* EWS 2001, S. 49, 53

[191] *Europäische Kommission,* Glossar der Wettbewerbspolitik der EU, S. 35

[192] *Geiger,* EuZW 2000, S. 325; *Liebscher/Petsche,* in Liebscher/Flohr/Petsche (Hrsg.), Handbuch der EU-Gruppenfreistellungsverordnungen, § 11 Rn. 14; die Leitlinien fälschlicherweise zum Sekundärrecht zählend: *Immenga, Frank/Lange,* RIW 2000, S. 889, 891

rechtlich bindende Wirkung für nationale Behörden und Gerichte, erst recht nicht für den EuGH. Vielmehr bindet sich die Kommission nur selbst.[193] Die Generalanwälte beim Gerichtshof sehen in den Bekanntmachungen nur einen Hinweischarakter.[194] Daraus könnte man schließen, dass diese Mitteilungen juristisch ein nullum darstellen. In der Praxis zeichnet sich jedoch ein anderes Bild, insbesondere durch das gestiegene Bedürfnis nach Auslegungshilfen seitens der Unternehmen.

Während *Gleiss/Hirsch,* allerdings noch vor der Reform, davon ausgingen, dass nationale Behörden sogar den Leitlinien zuwiderlaufende Maßnahmen ergreifen könnten[195], hat sich mittlerweile eine andere Rechtsauffassung durchgesetzt. Nach überwiegender Auffassung ist davon auszugehen, dass diese Veröffentlichungen mehr als nur Verwaltungsgrundsätze sind. Obwohl eine bindende Wirkung de iure nicht besteht, lässt sich eine faktische Bindungswirkung nach ganz allgemeiner Ansicht nicht abstreiten.[196] Denn nach Art. 10 Abs. 2 EG

---

[193] *Bechtold,* EWS 2001, S. 49, 53; *Bueren,* WRP 2004, S. 567, 575; *Bunte,* Kartellrecht, S. 398; *Geiger,* EuZW 2000, S. 325; *Gleiss/Hirsch,* Kommentar zum EG-Kartellrecht, Rn. 77; *Immenga, Frank/Stopper,* RIW 2001, S. 241; *Jaeger,* WuW 2000, S. 1062, 1070; *Monopolkommission,* Sondergutachten Nr. 28, Tz. 35; *Monopolkommission,* Sondergutachten Nr. 32, Tz. 9; *Rehbinder* in: Immenga/Mestmäcker (Hrsg.), Bd. II, Einleitung E., Tz. 29; *Schröter* in: Groeben/Schwarze (Hrsg.), Kommentar zum EUV/EGV, Vorbem. zu den Artikeln 81 bis 85 EG, Rn. 6; *Stopper,* EuZW 2001, S. 426, 430

[194] Generalanwalt *Dutheillet de Lamotte,* Schlussanträge in der Rs. 1/71 („Cadillon/Höss"), Slg. 1971, S. 358, 361 und Rs. 22/71 („Béguelin"), Slg. 1971, S. 964, 969; Generalanwalt *Warner,* Schlussanträge Rs. 19/77 („Miller International Schallplatten"), Slg. 1978, S. 153, 157 f.

[195] *Gleiss/Hirsch,* Kommentar zum EG-Kartellrecht, Tz. 78

[196] *Bechtold,* EWS 2001, S. 49, 53 f.; *Bueren,* WRP 2004, S. 567, 575;; *Geiger,* EuZW 2000, S. 325; *Schröter,* in: Schröter/Jakob/Mederer (Hrsg.), Kommentar zum Europäischen Wettbewerbsrecht, Vorbemerkung zu den Artikeln 81 bis 85, Tz. 14; ähnlich auch *Bunte,* in: Langen/Bunte (Hrsg.), Kommentar zum deutschen und europäischen Kartellrecht, Art. 81 Generel-

müssen die Organe der Mitgliedsstaaten, also auch nationale Behörden und Gerichte, alle Maßnahmen unterlassen, „welche die Verwirklichung der Ziele des Vertrags gefährden könnten". Unter Berücksichtigung dieses Grundsatzes werden es nationale Instanzen vermeiden, eine den Leitlinien zuwiderlaufende Entscheidung zu treffen. Ansonsten würden sie ein Vertragsverletzungsverfahren riskieren.[197]

c. Kritik

Durch den Erlass von Bekanntmachungen und Leitlinien fungiert die Kommission als Legislativorgan. Sie erhält dadurch eine Fülle an Macht zur Steuerung der Wettbewerbs- und Industriepolitik der Europäischen Union. Zur Veröffentlichung von Leitlinien gelten keine Verfahrensregeln noch findet eine inhaltliche Kontrolle durch demokratisch legitimierte Gremien wie das Parlament oder den Rat statt. Und die Kommission ist selbst kaum imstande, diese „im Arkanum der Amtsstuben entstandenen Akte"[198] hinreichend selbstkritisch zu kontrollieren.

Hinsichtlich der Beurteilung der Rechtssicherheit stimmt diese Art von Rechtssetzung bedenklich. Die Unternehmen sollen und müssen sich an ihnen bei der Auslegung des Art. 81 Abs. 3 EG orientieren. Selbst wenn die Vereinbarung den Leitlinien entspricht, gibt es ein Restrisiko, da Leitlinien und Bekanntmachungen nicht bindend für nationale Behörden und Gerichte sind. *Möschel* spricht sogar von

---

le Prinzipien, Rn. 176; *Wiedemann*, in: Wiedemann (Hrsg.), Handbuch des Kartellrechts, § 1 Rn. 27

[197] durch die Kommission nach Art. 226 EG; durch einen anderen Mitgliedsstaat nach Art. 227 EG; a.A. *Schütz*, WuW 2000, S. 686, 692

[198] *Rittner*, EuZW 2000, S. 129

einem Vorspiegeln von „Scheinsicherheit"[199]. Ein hohes Maß an Rechtsunsicherheit ist naturgemäß gegeben, wenn Leitlinien von der Rechtsprechung des Gerichtshofes abweichen. Besonders deutlich wurde dies am Beispiel der Leitlinien zur Beurteilung von Handelsvertretervereinbarungen. Der Inhalt dieser Veröffentlichungen wich augenscheinlich von der Rechtsprechung des Gerichtshofes ab. Dennoch hat sich die unternehmerische Vertragspraxis an den Leitlinien orientiert.[200]

Die Monopolkommission kritisierte nicht nur die Leitlinien als Rechtsinstitut an sich, sondern sprach ihnen auch die Fähigkeit zur Schaffung von Rechtssicherheit ganz und gar ab. Sie enthalten nur generelle Regelungen, konkrete Sachverhalte ließen sich mit ihrer Hilfe nicht abgrenzen. Insbesondere für Vereinbarungen, die sich im so genannten Grauzonenbereich bewegen, ist es schwierig, entsprechende Schlüsse aus den Leitlinien zu ziehen. Des Weiteren befürchtet die Monopolkommission eine Tendenz zu branchenspezifischen Regelungen durch den vermehrten Erlass von Leitlinien. Eine solche Sektoralisierung gefährde die rule of law, also die Herrschaft des Gesetzes, des Kartellrechts.[201]

---

[199] *Möschel*, JZ 2000, S. 61, 64

[200] *Bechtold*, EWS 2001, S. 49, 53 f.; der EuGH (Rs. 311/85 („Flämisches Reisebüro"), Slg. 1987, S. 3801, 3828) legte für die Beurteilung von Handelsvertretervereinbarungen zwei Kriterien fest: Integration in das Unternehmen und Risikoverteilung, die Leitlinien jedoch stellen nur auf die Risikoverteilung ab

[201] *Monopolkommission*, Sondergutachten Nr. 28, Tz. 35

2. Die Bagatellbekanntmachung

a. Inhalt

Neben den kodifizierten Tatbeständen des Art. 81 Abs. 1 EG fordert der EuGH in ständiger Rechtsprechung das Hinzutreten eines weiteren Erfordernisses: Die Spürbarkeit der Wettbewerbsbeschränkung.[202] Grundsätzlich soll Art. 81 Abs. 1 EG keine Anwendung auf Vereinbarungen finden, die aufgrund ihrer geringen Bedeutung den Wettbewerb nicht spürbar beeinträchtigen können. Dies ist Ausdruck des in Art. 5 EG verankerten Subsidiaritätsprinzips der Gemeinschaft.[203] Bei einer kartellrechtlichen Beurteilung einer Vereinbarung ist also zuerst die Spürbarkeit im Rahmen des Art. 81 Abs. 1 EG zu prüfen.

(1) spürbare Wettbewerbsbeschränkung

Die Verfälschung des Wettbewerbs, konkretisiert durch Schwellenwerte, ist alleiniges Kriterium für die Spürbarkeit. So hat eine horizontale Kooperation regelmäßig keine spürbare Beschränkung, wenn die addierten Marktanteile 10% nicht übersteigen. Bei vertikalen Vereinbarungen sind es 15%.[204]

---

[202] Urteil EuGH, Rs. 56/65 („Société Technique Minière/Maschinenbau Ulm"), Slg. 1966, S. 282, 303 f.; vgl. *Emmerich,* Kartellrecht, S. 394

[203] *Terhechte,* EWS 2002, S. 66 f.; *Koenig/Haratsch,* Europarecht, S. 28

[204] Bagatellbekanntmachung, Tz. 7

(2) weitere Voraussetzungen

Erstmals hat die Kommission in der Bagatellbekanntmachung Schwellenwerte für die Vermutung von kumulativen Abschottungseffekten festgesetzt.[205] Allerdings treten derartige Effekte meist nur bei vertikalen Vereinbarungen, z.b. bei Bierlieferungsverträgen, auf[206], so dass sie für FuE-Kooperationen vernachlässigt werden können. Um den Unternehmen einen gewissen Spielraum zu geben, ist eine Überschreitung der Schwellenwerte um 2% während zwei aufeinander folgenden Kalenderjahren zulässig.[207] Allerdings sollen die Schwellenwerte nicht für die klassischen Kernbeschränkungen gelten. So sind durch die Bagatellbekanntmachung Produktionsbeschränkungen, Marktaufteilungen und Preisabsprachen nicht vom Kartellverbot des Art. 81 Abs. 1 EG ausgenommen.[208]

Art. 81 Abs. 1 EG soll auch nicht auf kleine und mittlere Unternehmen Anwendung finden, da von diesen in der Regel keine beschränkenden Wirkungen ausgehen. Kleine und mittlere Betriebe in diesem Sinne haben weniger als 250 Mitarbeiter, der Jahresumsatz beträgt nicht mehr als 40 Millionen EUR bzw. die Bilanzsumme weist nicht mehr als 27 Millionen EUR aus.[209]

---

[205] Bagatellbekanntmachung, Tz. 8

[206] *Mestmäcker/Schweitzer,* Europäisches Wettbewerbsrecht, § 10 Rn. 69

[207] Bagatellbekanntmachung, Tz. 9

[208] Bagatellbekanntmachung, Tz. 11

[209] Bagatellbekanntmachung, Tz. 3; es ist vorgesehen, diese Schwellenwerte deutlich anzuheben

b. Kritik

Trotz der scheinbar eindeutigen Abgrenzungen kann in Einzelfällen Rechtsunsicherheit auftreten. Einziger Beurteilungsmaßstab für die Spürbarkeit sind Marktanteilsschwellen. Textziffer 7 der Bekanntmachung definiert diese Schwellen sowohl für tatsächliche als auch potentielle Wettbewerber. Zwar verweist sie zur Definition dieser Begriffe auf die horizontalen Leitlinien. Unklar bleibt jedoch, wie der Marktanteil von potentiellen Wettbewerbern berechnet werden soll. Charakteristisch für potentielle Wettbewerber ist der gängigen Ansicht nach, dass sie noch keinen Marktanteil besitzen. Eine Bewertung gestaltet sich in solchen Fällen, zu denen vor allem FuE-Vereinbarungen zählen, schwierig.[210]

Gehen Unternehmen im guten Glauben davon aus, dass ihre Vereinbarung nicht unter die Bagatellbekanntmachung fällt, verhängt die Kommission keine Geldbußen.[211] Wegen der faktischen Bindungswirkung von Bekanntmachungen ist davon auszugehen, dass auch nationale Behörden und Gerichte dieser Regelung folgen werden.[212]

c. Rechtsfolgen für FuE-Kooperationen

Die Bagatellbekanntmachung enthält keine ausdrücklichen Regelungen für FuE-Vereinbarungen. Dennoch ist davon auszugehen, dass vor allem FuE-Projekte von kleineren und mittleren Unternehmen

---

[210] *Lanz,* Wettbewerbsbeeinträchtigung, Zwischenstaatlichkeitsklausel & De Minimis, S. 139; *Schröter,* in: Schröter/Jakob/Mederer (Hrsg.), Kommentar zum Europäischen Wettbewerbsrecht, Art. 81 Rn. 228

[211] Bagatellbekanntmachung, Tz. 4

[212] im Ergebnis auch *Rinne/Loest,* in: Liebscher/Flohr/Petsche (Hrsg.), Handbuch der EU-Gruppenfreistellungsverordnungen, §16 Rn. 24

von dieser Bekanntmachung profitieren und sich vom Kartellverbot exkulpieren können.

Problematisch kann es werden, wenn der relevante Markt wegen eines speziellen und damit nicht ohne weiteres austauschbaren Produktes sehr klein ist. Dann kann auch bei ansonsten nicht sehr großen Unternehmen der Anteil an dem relevanten Markt die 5%-Schwelle schnell überschreiten. Vor allem die Pharmabranche sieht sich immer wieder mit derart engen Marktabgrenzungen konfrontiert[213] und wird daher selten in den Genuss der fehlenden Spürbarkeit kommen. Dass FuE-Kooperationen den Handel im Sinne der kumulativen Abschottung spürbar beeinträchtigen, ist unwahrscheinlich.[214] Der Gerichtshof hat dies bisher nur für vertikale Vereinbarungen im Bereich der Bierlieferungsverträge angenommen.[215]

3. Beeinträchtigung des zwischenstaatlichen Handels

a. Wesen der Zwischenstaatlichkeitsklausel

Eine weitere Voraussetzung für ein Verbot nach Art. 81 Abs. 1 EG ist die Eignung einer Vereinbarung, den Handel zwischen den Mitgliedsstaaten zu beeinträchtigen. Der Zweck dieses Erfordernisses ist die Abgrenzung des Europäischen Kartellrechts vom nationalen

---

[213] *Heer*, in: Festschrift für Schmidhauser, S. 122

[214] vgl. *Lanz*, Wettbewerbsbeeinträchtigung, Zwischenstaatlichkeitsklausel & De Minimis, S. 153

[215] Urteil EuGH, Rs. C 234-89 („Delimitis/Henninger Bräu"), Slg. 1991, S. 935

Recht.[216] Dadurch trägt Art. 81 EG dem Subsidiaritätsprinzip der Gemeinschaft Rechnung, wenn auch in einem sehr eingeschränkten Rahmen. Die weite Auslegung der Zwischenstaatlichkeitsklausel und die damit verbundene Einengung der Subsidiarität werden von Rechtsprechung und Schrifttum weitgehend akzeptiert.[217] Die Zwischenstaatlichkeitsklausel kann darüber hinaus auch als eine Kollisionsnorm des Internationalen Privatrechts verstanden werden.[218]

Um Formulierung der Zwischenstaatlichkeitsklausel greifbarer zu machen, veröffentlichte die Kommission eine Bekanntmachung.

b. Bekanntmachung der Kommission

Die Bekanntmachung stellt zunächst fest, dass der Handel zwischen den Mitgliedsstaaten auch dann beeinträchtigt sein kann, wenn die Vereinbarung gemäß der Bagatellbekanntmachung als nicht spürbar eingestuft wurde.

---

[216] Urteil EuGH, verb. Rs. 56/64 und 58/64 („Consten und Grundig"), Slg. 1966, S. 322, Ls. 6

[217] Urteil EuGH, Rs. 56/65 („Société Technique Minière/Maschinenbau Ulm"), Slg. 1966, S. 282; *Ehlermann,* CMLR 2000, S. 537, 550; *Mestmäcker,* Wirtschaft und Verfassung in der Europäischen Union, S. 442; *Rehbinder,* in: Immenga/Mestmäcker (Hrsg.), EG-Wettbewerbsrecht, Bd. I, Einleitung E., Rn. 9; a.A. *Wesseling,* ECLR 1997, S. 94, 95-97

[218] *Bunte,* in: Langen/Bunte (Hrsg.), Kommentar zum deutschen und europäischen Kartellrecht, Bd. I, Art. 81 Rn. 117; *Eilmansberger,* in: Streinz (Hrsg.), EUV/EGV, Art. 81 EGV, Rn. 28; *Gleiss/Hirsch,* Kommentar zum EG-Kartellrecht, Art. 85 Rn. 203; *Rehbinder,* in: Immenga/Mestmäcker (Hrsg.), a.a.O., Geltungs- und Anwendungsbereich, Rn. 8; *Schröter,* in: Schröter/Jakob/Mederer (Hrsg.), Kommentar zum Europäischen Wettbewerbsrecht, Art. 81 Rn. 193; *Stockenhuber,* in Grabitz/Hilf (Hrsg.), Das Recht der Europäischen Union, Art. 81 Rn. 205

Der Begriff „Handel" ist grundsätzlich weit auszulegen und umfasst alle grenzüberschreitenden wirtschaftlichen Aktivitäten. Eine Beeinflussung kann also immer dann angenommen werden, wenn mindestens zwei Mitgliedsstaaten durch die Vereinbarung betroffen sind.[219] Eine tatsächliche Beeinträchtigung des Handels in der Gemeinschaft ist nicht zwingend. Vielmehr reicht es aus, dass die Vereinbarung mit „hinreichender Wahrscheinlichkeit" den Warenverkehr zwischen den Mitgliedsstaaten beeinflussen kann.[220]

c. Sonderfall horizontale Kooperationen

Die Leitlinien halten spezielle Regelungen für horizontale Kooperationen bereit. Größtenteils wird horizontale Zusammenarbeit mittels eines gemeinsamen Unternehmens betrieben. Die Zwischenstaatlichkeit wird angenommen, wenn ein Gemeinschaftsunternehmen in mindestens zwei Mitgliedsstaaten wirtschaftlich tätig wird. Zum gleichen Ergebnis führt die Herstellung von Waren durch das Gemeinschaftsunternehmen, die durch die Mutterunternehmen in mehreren Mitgliedsstaaten vertrieben werden. Auch wenn das gemeinsame Unternehmen Vorprodukte herstellt, die vorher von Unternehmen aus einem anderen Mitgliedsstaat geliefert wurden, kann der Handel beeinträchtigt sein.[221]

Selbst wenn eine Vereinbarung nur einen Mitgliedsstaat betrifft, kann durch weite Auslegung der Zwischenstaatlichkeitsklausel das Europäische Wettbewerbsrecht zur Anwendung kommen. Bei hori-

---

[219] Leitlinien Zwischenstaatlichkeit, Tz. 11

[220] Urteil EuGH, Rs. 56/65 („Société Technique Minière/Maschinenbau Ulm"), Slg. 1966, S. 282, Ls. 7; zuletzt Urteil EuG, Rs. T 50/00 („Dalmine/Kommission"), Slg. 2004 (noch nicht veröffentlicht), Tz. 156

zontalen Absprachen besteht die Gefahr, dass Unternehmen durch ein Inlandskartell, z.B. eine Zertifizierung, ausländische Wettbewerber vom nationalen Markt fernhalten. Durch diesen Abschottungseffekt ist der Handel zwischen den Mitgliedsstaaten selbstverständlich beeinträchtigt.[222]

d. Bedeutung für FuE-Kooperationen

Dass sich eine Innovation ausschließlich auf einen nationalen Markt auswirkt, ist schwer denkbar. Vielmehr berührt eine FuE-Kooperation in der Regel grundsätzlich den Handel zwischen den Mitgliedsstaaten. Ein Ausschluss des gemeinschaftlichen Kartellrechts aufgrund fehlender Zwischenstaatlichkeit ist daher weitgehend ausgeschlossen und bleibt auf seltene Sonderfälle beschränkt.

Als Konsequenz lässt sich somit feststellen, dass die Leitlinien zur Beeinträchtigung des zwischenstaatlichen Handels, die teilweise sehr ausführlich auf die einzelnen Tatbestände und Sonderformen eingehen, weitgehend unbeachtet bleiben können.

---

[221] Leitlinien Zwischenstaatlichkeit, Tz. 67 f.

[222] Leitlinien Zwischenstaatlichkeit, Tz. 84-87

4. Leitlinien über horizontale Zusammenarbeit

a. Zweck und Anwendungsbereich

Die Leitlinien über horizontale Zusammenarbeit gelten für alle Absprachen, die von Unternehmen derselben Marktstufe geschlossen werden.[223] Sie ergänzen zudem die Gruppenfreistellungsverordnungen für Spezialisierungen und FuE. Sie sollen Unternehmen die Beurteilung ihrer Vereinbarungen erleichtern.

Die Bekanntmachung gliedert sich in einen allgemeinen Teil und sechs besondere Abschnitte, die den einzelnen Arten von Vereinbarungen gewidmet sind. Der erste Teil hat eine Klammerwirkung für die Folgenden, ähnlich wie der Allgemeine Teil des BGB.[224] In der folgenden Untersuchung des Inhalts werden zum Zwecke der Übersichtlichkeit der allgemeine Teil und der Abschnitt über FuE-Vereinbarungen zusammenhängend dargestellt.

Zu Beginn behandelt die Bekanntmachung die Bewertung des Art. 81 Abs. 1 EG. Dort heißt es:

„Mit dem Gemeinsamen Markt unvereinbar und verboten sind alle Vereinbarungen [...], welche [...] eine Verhinderung, Einschränkung oder Verfälschung des Wettbewerbs innerhalb des Gemeinsamen Marktes bezwecken oder bewirken."

Das Gesetz macht also ein Verbot von Unternehmenskooperationen von dem Vorliegen einer Wettbewerbsbeschränkung abhängig.

---

[223] horizontale Leitlinien, Tz. 9

[224] kritisch zur Systematik: *Immenga, Frank/Stopper,* RIW 2001, S. 241, 249

Die Prüfung erfolgt gemäß den horizontalen Leitlinien in zwei Schritten. Zunächst wird die Art der Vereinbarung bestimmt, anschließend wird nach Marktmacht und Marktstruktur gefragt.[225]

b. Bewertung nach Art. 81 Abs. 1 EG

(1) Art der Vereinbarung

Grundsätzlich steht die Kommission den FuE-Kooperationen aufgeschlossen gegenüber. So ist es auch nicht verwunderlich, dass sie die meisten Vereinbarungen in diesem Bereich für unbedenklich hält.[226] Absprachen zwischen Nichtwettbewerbern sollen grundsätzlich nicht unter das Verbot fallen. Gleiches gilt auch dann, wenn konkurrierende Unternehmen nicht in der Lage sind, selbständig FuE durchzuführen und daher eine Kooperation eingehen. Wettbewerb wird in diesem Falle nicht verhindert, sondern vielmehr erst ermöglicht, da das Forschungsprojekt sonst nicht durchgeführt worden wäre.[227] Eine weitere kartellfreie Kooperation ist die Zusammenarbeit von Unternehmen mit Forschungsinstituten oder anderen akademischen Einrichtungen. Diese haben in der Regel kein Interesse an der Verwertung der Ergebnisse. Ähnlich verhält es sich, wenn die Partner keine

---

[225] kritisch zur Bestimmung der Marktmacht: *Emmerich,* WRP 2000, S. 858, 861

[226] horizontale Leitlinien, Tz. 55; so auch *Eilmansberger,* in: Streinz (Hrsg.), EUV/EGV, Art. 81 EGV, Rn. 237

[227] horizontale Leitlinien, Tz. 56

gemeinsame Nutzung der Innovation beabsichtigen. Man spricht in diesem Fall von „reinen" FuE-Kooperationen.[228]

Eine negative Auswirkung auf den Wettbewerb ist regelmäßig bei den Kernbeschränkungen anzunehmen. Hier wird eine Wettbewerbsbeschränkung eindeutig bezweckt. So fallen Produktionsbeschränkungen, Preisabsprachen und Marktaufteilungen fast immer unter das Kartellverbot, selbst wenn sie in die ansonsten positiv beurteilten FuE-Absprachen eingebettet sind.[229]

(2) Marktmacht und Marktstruktur

Ist festgestellt worden, dass von der Art der Vereinbarung keine beschränkende Wirkung ausgeht, muss untersucht werden, ob die Kooperation eine marktbeherrschende Stellung begründet oder eine wettbewerbshemmende Marktstruktur geschaffen bzw. verstärkt wird. Dazu ist zunächst der relevante Markt abzugrenzen.[230] Die Kommission gibt klar zu verstehen, dass es für das Vorliegen von Marktmacht keine absoluten Schwellenwerte geben kann. So kann ein Unternehmen mit einem hohen Marktanteil ohne weiteres mit einem Partner zusammenarbeiten, der einen unbedeutenden Marktanteil hat. Es wird jedoch widerleglich vermutet, analog zu der FuE-GVO, dass bis zu einem kumulierten Marktanteil von 25% keine nachteilige Marktmacht besteht.[231]

---

[228] horizontale Leitlinien, Tz. 57 und 58

[229] horizontale Leitlinien, Tz. 18 und 59

[230] horizontale Leitlinien, Tz. 28; Grundsätze zur Bestimmung des relevanten Marktes finden sich in: Bekanntmachung der Kommission über die Definition des relevanten Marktes (ABl. C 372 vom 9.12.1997, S. 5)

[231] horizontale Leitlinien, Tz. 28 und 62

(3) Relevanter Markt

Eine Besonderheit ergibt sich bei FuE-Kooperationen bezüglich der Bestimmung des relevanten Marktes. Es müssen sowohl Technologie- als auch Produktmärkte untersucht werden, da auf beiden Wettbewerbsbeschränkungen auftreten können.[232] Forschung und Entwicklung zielt immer auf die Verbesserung oder Neuschöpfung von Produkten ab. Darüber hinaus kann sich die FuE auch auf die mit dem Produkt verbundene Technologie erstrecken. An dieser Technologie besitzt das Unternehmen geistige Eigentumsrechte, z.B. Patente, die es durch Lizenzen verwerten kann. Der Technologiemarkt besteht demzufolge nicht aus Produkten, sondern aus dem in Lizenz vergebenen geistigen Eigentum sowie den dazugehörigen nahen Substituten.[233]

(4) Innovationswettbewerb

Kooperationen in Forschung und Entwicklung können sich aber nicht nur auf vorhandene Märkte auswirken, sondern auch auf den Innovationswettbewerb. Auch hier muss geprüft werden, ob die Vereinbarung schädliche Wirkungen hervorruft. Die Kommission unterscheidet dabei zwei Szenarien, die je nach Struktur der FuE einer Branche auftreten können.[234]

Im ersten Fall ist der FuE-Prozess so beschaffen, dass verschiedene FuE-Arbeiten zu einem Produkt ausgemacht werden können. Diese werden als FuE-Pole bezeichnet. Kennzeichnend für diese Pole

---

[232] horizontale Leitlinien, Tz. 43

[233] horizontale Leitlinien, Tz. 47

[234] horizontale Leitlinien, Tz. 50

sind ein ähnlicher Zugang zu Ressourcen und ein gleicher Fortschritt im Zeitplan. Es ist zu untersuchen, ob nach Abschluss der Vereinbarung ausreichend FuE-Pole übrig bleiben, um den Innovationswettbewerb aufrecht zu erhalten.[235] Sollte dies nicht der Fall sein, ist die FuE-Kooperation keinem Wettbewerbsdruck mehr ausgesetzt und es besteht die Gefahr, dass der FuE-Prozess verlangsamt wird bzw. Konkurrenten vom Markt ferngehalten werden. In diesem Fall ist die Vereinbarung von Art. 81 Abs. 1 EG erfasst. Deshalb ist es wichtig, dass kooperationswillige Unternehmen substantiiert darlegen können, ob eine ausreichende Anzahl wettbewerbsfähiger FuE-Pole im Markt verbleibt.

Im zweiten Fall können keine FuE-Pole ausgemacht werden. Dann erfolgt keine Prüfung des Innovationswettbewerbs und die Untersuchung beschränkt sich auf Produkt- und Technologiemärkte.[236]

c. Einzelfreistellung nach Art. 81 Abs. 3 EG

Erste Voraussetzung ist das Auftreten von Effizienzgewinnen. Diese müssen von den Unternehmen nachgewiesen werden. Das ist bei FuE-Kooperationen in der Regel kein Problem, da ja gerade die Verbesserung von Produkten und Verfahren der Sinn und Zweck von FuE sind. Ein genauer Nachweis von spürbaren Vorteilen, z.B. schnellere Einführung einer neuen Technologie, ist nur bei der Schaffung erheblicher Marktmacht zu erbringen.[237]

Gemäß dem zweiten Erfordernis müssen die Verbraucher angemessen an den Effizienzgewinnen beteiligt werden. Dies ist anzuneh-

---

[235] horizontale Leitlinien, Tz. 51

[236] horizontale Leitlinien, Tz. 52

men, je höher der Wettbewerbsdruck ist.[238] Als Verbraucher in diesem Sinn gelten nicht nur Endverbraucher, sondern alle mittelbaren und unmittelbaren Abnehmer der Ware.

Drittens darf die Beschränkung des Wettbewerbs für das Erreichen des Zieles nicht unerlässlich sein. Hier muss geprüft werden, ob nicht ein weniger beschränkendes Mittel den gleichen Erfolg hervorbringen kann.[239]

Als vierte Voraussetzung fordert Art. 81 Abs. 3 EG, dass der Wettbewerb nicht durch die Absprache ausgeschaltet werden darf. Dies kann dann passieren, wenn durch die Kooperation die einzigen beiden Forschungspole zusammengelegt werden.[240] Diese Voraussetzung darf aber nicht auf die monopolartige bzw. marktstarke Position des Innovators kurz nach der Markteinführung bezogen werden. Die Unternehmen sollen für ihren Mut zur Innovation mit der Erlangung einer Sonderrente belohnt werden.[241] In diesem Fall liegt keine Ausschaltung des Wettbewerbs vor.

d. Freistellungsdauer

Liegen die Voraussetzungen für eine Freistellung vor, ist die Kooperation die gesamte Phase der FuE freigestellt. Haben die Unternehmen zusätzlich eine gemeinsame Verwertung der Ergebnisse

---

[237] horizontale Leitlinien, Tz. 32 und 68 f.

[238] horizontale Leitlinien, Tz. 34

[239] horizontale Leitlinien, Tz. 35 und 70

[240] horizontale Leitlinien, Tz. 36

[241] vgl. hierzu S. 11 f. dieser Arbeit „Forschung und Entwicklung als Wettbewerbsfaktor" (C. I. 1.)

vorgesehen, so gilt die Freistellung über die FuE-Phase hinaus für 7 Jahre. Eine Freistellung über die sieben Jahre hinaus kann nur wirksam sein, wenn die Unternehmen eine größere Zeitspanne für die Amortisation der FuE-Aufwendungen substantiiert darlegen können.[242]

5. Leitlinien zur Anwendung von Art. 81 Abs. 3 EG

a. Allgemeiner Rahmen und Systematik

Aufgabe dieser Bekanntmachung ist die Schaffung von mehr Rechtssicherheit für Unternehmen und eine Orientierungshilfe für nationale Behörden und Gerichte, indem Kriterien für die Art 81 Abs. 1 und 3 EG erläutert werden. Die Beurteilung soll unter ökonomischen Kriterien erfolgen. Die Leitlinien sollen auch dann gelten, wenn Vereinbarungen schon von anderen Leitlinien und Bekanntmachungen erfasst werden.[243]

Die Leitlinien bedienen sich der Systematik des Art. 81 EG: Im ersten Teil wird auf das Kartellverbot des Abs. 1 eingegangen.[244] Im zweiten Abschnitt erfolgt eine ausführliche Bewertung der Freistellungskriterien Abs. 3.

---

[242] horizontale Leitlinien, Tz. 73; der 7-Jahreszeitraum gilt analog zu der FuE-GVO

[243] Leitlinien zur Anwendung Abs. 3, Tz. 5

[244] kritisch jedoch: *Lugard/Hancher,* WuW 2001, S. 410-420

b. **Die Voraussetzungen des Art. 81 Abs. 3 EG**

Diese Leitlinien legen die Kriterien zur Anwendung des Abs. 3 sehr umfangreich dar. Im Folgenden soll nur eine summarische Übersicht gegeben werden. Grund hierfür ist, dass die horizontalen Leitlinien die FuE-Vereinbarungen in einem eigenen Abschnitt behandeln und daher konkretere Anhaltspunkte für die Beurteilung geben. Was schon unter den horizontalen Leitlinien besprochen wurde, soll nicht nochmals unter diesem Punkt behandelt werden.

(1) **Erste Voraussetzung: Effizienzgewinne**

Eine Vereinbarung muss gemäß Art. 81 Abs. 3 EG einen „Gewinn zur Verbesserung der Warenerzeugung oder -verteilung oder zur Förderung des technischen oder wirtschaftlichen Fortschritts" zur Folge haben. Dazu zählen gemäß der Rechtsprechung des EuGH nur spürbare, objektive Vorteile, die geeignet sind, die entstehenden Nachteile für den Wettbewerb auszugleichen.[245] In diesem Rahmen wird geprüft, welche Art von Gewinnen vorliegen, ob eine Verknüpfung zwischen diesen Gewinnen und der Vereinbarung besteht, die Wahrscheinlichkeit und das Ausmaß jedes Effizienzgewinns sowie der Zeitpunkt, in dem der Gewinn erreicht wird.[246]

Effizienzgewinne können grundsätzlich auf zwei Wegen erreicht werden. Einerseits führen optimierte Verfahren zu Kosten- und Preissenkungen. Andererseits können qualitative Verbesserungen an einem Produkt zu Effizienzgewinnen führen.

---

[245] Leitlinien zur Anwendung Abs. 3, Tz. 49; so auch Urteil EuGH, verb. Rs. 56 und 58/64 („Consten und Grundig"), Slg. 1966, S. 322, Ls. 13

[246] Leitlinien zur Anwendung Abs. 3, Tz. 51

Ein Effizienzgewinn ist bei FuE-Kooperationen regelmäßig anzunehmen, besteht ja gerade der Sinn und Zweck einer solchen Zusammenarbeit in der Verbesserung oder Neuschöpfung von Produkten oder Verfahren.

(2) Zweite Voraussetzung: Weitergabe an den Verbraucher

Die zweite Voraussetzung des Art. 81 Abs. 3 EG fordert, dass die Verbraucher[247] an dem entstehenden Gewinn angemessen beteiligt werden. Dies ist dann der Fall, wenn die negativen Auswirkungen der Kooperation durch die Gewinne für die Verbraucher mindestens ausgeglichen werden. Es ist nicht zwingend notwendig, dass die Unternehmen alle Effizienzgewinne in vollem Umfang an die Verbraucher weitergeben. Je spürbarer die Wettbewerbsbeschränkung ist, desto mehr müssen die Verbraucher von den Gewinnen profitieren und umgekehrt.[248]

---

[247] „Verbraucher" in diesem Sinne ist nicht nur der Endabnehmer, sondern umfasst alle Nutzer der Innovation, vgl. Leitlinien zur Anwendung Abs. 3, Tz. 84

[248] Leitlinien zur Anwendung Abs. 3, Tz. 86-92

(3) Dritte Voraussetzung: Unerlässlichkeit

(a) Anwendungsbereich

Gemäß der dritten Voraussetzung dürfen keine „Beschränkungen auferlegt werden, die für die Verwirklichung dieser Ziele nicht unerlässlich sind". Die Kooperation muss insgesamt notwendig sein, aber auch die Unerlässlichkeit jeder einzelnen Wettbewerbsbeschränkung muss geprüft werden. Zu fragen ist, ob gerade durch die Vereinbarung die beabsichtigten Tätigkeiten effizienter durchgeführt werden können.[249]

Im Zuge des ersten Prüfungsschrittes ist zu untersuchen, ob dieselben Effizienzgewinne nicht durch eine weniger beschränkende Lösung als die Vereinbarung erreicht werden kann. Eine genauere Überprüfung findet jedoch nur statt, wenn eine Alternative offensichtlich ist. Deren Ausschluss muss von den Unternehmen begründet werden können. Sollten die Effizienzgewinne durch Größenvorteile (economies of scale) bzw. Verbundvorteile (economies of scope) erreicht werden, müssen die Partner darlegen, weshalb diese nicht durch internes Wachstum möglich sind. Dazu ist die effiziente Mindestgröße des Marktes heranzuziehen.[250]

Im zweiten Prüfungsschritt sind die behaupteten Effizienzgewinne einzeln zu analysieren, wobei auf Art und Ausmaß der Beschränkung

---

[249] Leitlinien zur Anwendung Abs. 3, Tz. 73 f.

[250] Leitlinien zur Anwendung Abs. 3, Tz. 75 f.; die effiziente Mindestgröße ist in der Volkswirtschaftslehre auch als MOS (minimum optimale scale) bekannt; sie wird bei genau dem Produktionsvolumen erreicht, wo die totalen Durchschnittskosten minimiert werden; vgl. *Schmidt, Ingo,* Wettbewerbspolitik und Kartellrecht, S. 84

einzugehen ist. Unerlässlich ist jede Beschränkung nur, wenn die Gewinne ohne die Vereinbarung nicht oder nicht in gleicher Höhe auftreten würden. Auf jeden Fall sind die Kernbeschränkungen der schwarzen Liste nicht unerlässlich und daher auch nicht durch Art. 81 Abs. 3 EG freistellungsfähig.[251]

(b) Kommissionspraxis

Die Kommission geht von der Faustformel aus: Je ungewisser der Erfolg des Produktes ist, desto stärker kann die Beschränkung sein.[252] Hier muss insbesondere für FuE-Kooperationen ein weiter Spielraum gelten.[253] Das Risiko hinsichtlich der Kosten und des Erfolgs des Projekts steigt für den Unternehmer, je mehr Unsicherheit er sich gegenüber sieht.[254] Daher muss ihm ein starker Anreiz gegeben werden, die FuE trotz großen Risikos durchzuführen. Eine großzügige Auslegung der „Unerlässlichkeit" stellt einen lukrativen Anreiz zur Kooperation dar. Im Ergebnis führt diese Vorgehensweise insgesamt zu mehr Innovationstätigkeit und trägt damit zu Steigerung des wirtschaftlichen Fortschritts bei.

Besonders deutlich trat diese weite Interpretation der dritten Voraussetzung in der Kommissionsentscheidung „BBC Brown Boveri"[255] zutage. In diesem Fall gründeten zwei Wettbewerber ein Gemein-

---

[251] Leitlinien zur Anwendung Abs. 3, Tz. 78 f.

[252] Leitlinien zur Anwendung Abs. 3, Tz. 80

[253] *Ullrich/Konrad,* in: Immenga/Mestmäcker (Hrsg.), EG-Wettbewerbsrecht, Bd. I, GRUR E., Rn. 4

[254] siehe hierzu S. 12 ff. dieser Arbeit „Kooperationen In Forschung und Entwicklung" (C. I. 2.)

[255] ABl. L 301 vom 4.11.1988, S. 68

schaftsunternehmen zur Entwicklung von speziellen Hochleistungsbatterien. Trotz der Aufteilung von Märkten wurde die Kooperation freigestellt, weil sich das Unternehmen BBC „nach Aufwendung ungewöhnlich hoher Forschungs- und Entwicklungskosten einem ungewöhnlich hohen Vermarktungsrisiko"[256] gegenübersieht.

(4) Vierte Voraussetzung: Keine Ausschaltung des Wettbewerbs

Schließlich ist zu untersuchen, ob der Wettbewerb auf dem relevanten Markt nicht ausgeschaltet wird. Kurzfristige Effizienzgewinne können nämlich bei langfristiger Betrachtung durch Nachteile überlagert werden. Um zu einem Ergebnis zu kommen, sind die Quellen des Wettbewerbs, z.B. Preis oder FuE, sowie die Auswirkung der Kooperation auf den Wettbewerbsdruck zu analysieren. Ein alleiniges Abstellen auf Marktanteile ist hier nicht zweckmäßig, vielmehr bedarf die Untersuchung einer umfassenden qualitativen wie quantitativen Würdigung.[257]

Eine hinreichende Bedingung für das Ausschalten des Wettbewerbs ist gegeben, wenn der wichtigste Wettbewerbsparameter durch die Vereinbarung außer Kraft gesetzt wurde.[258] Ein Indikator kann aber auch bei der Betrachtung des früheren Marktverhaltens der Parteien gefunden werden. So kann der Wettbewerb ausgeschaltet werden, wenn ein etabliertes Unternehmen eine Kooperation mit einem „Störenfried" eingeht, um dessen Aktionen zu kontrollieren.[259]

---

[256] ABl. L 301 vom 4.11.1988, S. 68, Tz. 28

[257] Leitlinien zur Anwendung Abs. 3, Tz. 105 und 109

[258] Leitlinien zur Anwendung Abs. 3, Tz. 110

[259] Leitlinien zur Anwendung Abs. 3, Tz. 112

Abschließender Prüfungspunkt ist das Ausschalten potentiellen Wettbewerbs, d.h. das Auftreten von Marktzutrittsschranken. Hier ist eine Vielzahl von Kriterien zu berücksichtigen. Bei Kooperationen in FuE kommt es vor allem darauf an, dass Dritte nicht durch die Vereinbarung von eigenen FuE-Arbeiten abgeschreckt werden. Ein Indiz kann auch das Verhalten der Unternehmen in der Vergangenheit sein. Wenn sie auf einen möglichen Marktzutritt mit einer aggressiven Abschottungsstrategie reagiert haben, dürfte sich ihr Verhalten durch die Kooperation nur noch verstärken.[260] In diesem Fall wird der restliche Wettbewerb ausgeschaltet und eine Freistellung nach Abs. 3 ist nicht möglich.

6. Die Bewertung von FuE-Kooperationen

Wie auch bei den anderen Leitlinien und Bekanntmachungen besteht auch hier eine gewisse Unsicherheit durch die fehlende Bindungswirkung. Dennoch geben sie grundsätzlich eine gute Orientierungshilfe für Unternehmen, die sich einen ersten Überblick verschaffen wollen. Um den Anforderungen der Selbstveranlagung genügend Rechnung zu tragen, ist eine isolierte Betrachtung der horizontalen Leitlinien nicht ausreichend. Vielmehr müssen zumindest die Leitlinien zur Anwendung des Art. 81 Abs. 3 EG einer Prüfung hinzugezogen werden.

Hinsichtlich der materiellen Rechtssicherheit ist folgendes festzustellen: Für FuE-Kooperationen sind die in den Leitlinien aufgestellten Kriterien großzügig auszulegen. Derart klare Worte hat die Kommission zwar nicht expressis verbis formuliert, doch anhand der

---

[260] Leitlinien zur Anwendung Abs. 3, Tz. 114 f.

Entscheidungspraxis lässt sich eine solche Tendenz nachvollziehen und wird auch im Schrifttum weithin vertreten.[261]

Die Kommission steht FuE-Kooperationen wohlwollend gegenüber und daher kann grundsätzlich von einem Vorliegen der ersten beiden Voraussetzungen ausgegangen werden, ohne dass substantiierte Nachweise erforderlich sind. Nur wenn eine Wettbewerbsbeschränkung, z.B. durch Nebenabreden, sehr stark wiegt, ist eine differenzierte Betrachtung notwendig. So stellte die Kommission im Fall Beecham / Park, Davis[262] fest, dass die Entwicklung eines neuen Heilmittels trotz einer wettbewerbsbeschränkenden Kooperation den Verbrauchern „schnellere und bessere Ergebnisse" zugänglich macht. Die Einzelfreistellung wurde gewährt, obwohl durch Nebenabreden eine Wettbewerbsbeschränkung bis zehn Jahre nach dem ersten in Verkehr bringen des Produktes vorgesehen war.

Keine Ausschaltung des potentiellen Wettbewerbs ist gegeben, wenn die fragliche Branche durch einen lebhaften Wettbewerb in Forschung und Entwicklung gekennzeichnet ist und es große Unternehmen gibt, die möglicherweise an einem ähnlichen Projekt forschen.[263]

Bei Prüfung der Unerlässlichkeit haben die Unternehmen gleichfalls einen großen Spielraum. Sollten zur gemeinsamen FuE jedoch ein Gemeinschaftsunternehmen gegründet werden, ist die Unerlässlichkeit dieses Vorhabens genau zu untersuchen. Möglicherweise ist

---

[261] *Monopolkommission,* VIII. Hauptgutachten, Tz. 1038 f.; *von Stoephasius,* in: Langen/Bunte (Hrsg.), Kommentar zum deutschen und europäischen Kartellrecht, Bd. I, Art. 81-Fallgruppen, Rn. 80; *Ullrich/Konrad,* in: Immenga/Mestmäcker (Hrsg.), EG-Wettbewerbsrecht, Bd. I, GRUR E., Rn. 4

[262] Entscheidung Kommission, Rs. IV/28.796 („Beecham/Park, Davis"), ABl. 13 vom 21.2.1962, S. 204, Tz. 38

[263] Entscheidung Kommission, Rs. IV/28.796 („Beecham/Park, Davis"), ABl. 13 vom 21.2.1962, S. 204, Tz. 45

auch eine bloße Koordination der FuE-Aktivitäten ausreichend, um die gewünschten und wettbewerblich anerkannten Ziele zu erreichen.

IV. Sonstige Auslegungshilfen der Kommission

1. Negativattest

Die Kommission kann nach Art. 10 VO 1/2003 durch Entscheidung feststellen, dass Art. 81 EG keine Anwendung auf eine Vereinbarung findet. Entweder liegen dann die Voraussetzungen des Art. 81 Abs. 1 EG ohnehin nicht vor oder die Voraussetzungen des Art. 81 Abs. 3 sind erfüllt. Solche Entscheidungen erlässt die Kommission allerdings nur in Ausnahmefällen, wenn es das öffentliche Interesse der Gemeinschaft erfordert. Gemeint sind mit dieser abstrakten Umschreibung „neue Formen von Vereinbarungen oder Verhaltensweisen, deren Beurteilung durch die bisherige Rechtsprechung und Verwaltungspraxis noch nicht geklärt ist"[264].

Die Verordnung selbst räumt jegliche Zweifel um die rechtliche Stellung dieser Entscheidungen aus: Im 14. Erwägungsgrund ist unmissverständlich von deklaratorischen Rechtsakten die Rede. Nationale Wettbewerbsbehörden und Gerichte sind also nicht an sie gebunden, die Kommission bindet sich lediglich selbst.

Welche praktische Bedeutung diese Negativatteste haben, ist ungewiss. Man muss davon ausgehen, dass die Kommission in Zukunft wie in der Vergangenheit sehr zurückhaltend mit diesem Instrument umgehen wird. Hinzu kommt, dass naturgemäß kein Rechtsanspruch auf Erlass einer solchen Entscheidung nach Art. 10 VO 1/2003 besteht.

2. Das Beratungsschreiben

Im 38. Erwägungsgrund stellt die VO 1/2003 ein informelles Beratungsschreiben in Aussicht, wenn neue oder ungelöste Fragestellungen auftauchen. Die Kommission geht davon aus, dass die Unternehmen in den allermeisten Fällen gut in der Lage sind, die Rechtmäßigkeit ihres Verhaltens einzuschätzen.[265] Reichen die GVOen, die Rechtsprechung, die Entscheidungspraxis und die Veröffentlichungen der Kommission jedoch nicht für eine befriedigende Bewertung aus, kann die Kommission in Ausnahmefällen durch ein informelles Beratungsschreiben eine Beurteilung erleichtern.[266]

a. Grundlage und Wirkung des Beratungsschreibens

Unternehmen haben keinen Rechtsanspruch auf ein derartiges Schreiben.[267] Es entfaltet keine Bindungswirkung gegenüber nationalen und europäischen Gerichten sowie den Wettbewerbsbehörden. Nationalen Behörden und Gerichten wird es freigestellt, ob sie das Beratungsschreiben in einem Verfahren berücksichtigen. Selbst die Kommission kann später eine abweichende Entscheidung von diesem

---

[264] 14. Erwägungsgrund VO 1/2003

[265] Bekanntmachung Beratungsschreiben, Tz. 3

[266] Bekanntmachung Beratungsschreiben, Tz. 5

[267] Bekanntmachung Beratungsschreiben, Tz. 17

Schreiben treffen, wenn sich Änderungen in der Rechtsprechung, dem Sachverhalt oder der Politik der Kommission ergeben haben.[268]

b. Voraussetzungen für das Beratungsschreiben

Die Kommission nennt in der Bekanntmachung eine Reihe von Voraussetzungen, unter denen sie bereit ist, ein Beratungsschreiben zu erstellen. Diese müssen kumulativ vorliegen.

Zunächst muss die Vereinbarung eine Frage aufwerfen, die weder durch die bisherige Entscheidungspraxis der Gerichte bzw. der Kommission geklärt wurde, noch von Orientierungshilfen oder früheren Beratungsschreiben erfasst wird.[269]

Des Weiteren muss eine prima facie Bewertung des Sachverhalts ergeben, dass eine informelle Beratung zweckmäßig ist. Dazu sind folgende Punkte zu berücksichtigen:

- die wirtschaftliche Bedeutung der von der Vereinbarung aus Sicht des Verbrauchers,
- das Ausmaß, in dem die Vereinbarung einer im Markt verbreiteten Gepflogenheit entspricht,
- der Umfang von Investitionen im Verhältnis zur Größe der Unternehmen und strukturelle Aspekte, z.B. Gründung eines Gemeinschaftsunternehmens.[270]

---

[268] Bekanntmachung Beratungsschreiben, Tz. 25

[269] Bekanntmachung Beratungsschreiben, Tz. 8 a

[270] Bekanntmachung Beratungsschreiben, Tz. 8 b

c. Bedeutung für Forschungs- und Entwicklungskooperationen

Die Kommission hat mit der Bekanntmachung einen Rahmen gesteckt, in dem sie mit Beratungsschreiben auf individuelle Anfragen reagieren will. Die praktische Relevanz kann aber noch nicht mit Sicherheit bestimmt werden. Aufgrund der meist hohen Investitionen und der gängigen Praxis der Gründung eines Gemeinschaftsunternehmens ist es für FuE-Kooperationen sinnvoll, ein solches Schreiben zu erfragen. Es bietet zwar de iure keine Rechtssicherheit bei einer möglichen Beschwerde eines Wettbewerbers, doch stellt es eine erhebliche Erleichterung der Beurteilung des Einzelfalles dar. Zu beachten bleibt aber, dass die Kommission nur in Ausnahmefällen sich eines solchen Schreibens bedient.

V. Zwischenergebnis

Durch die Einführung des Legalausnahmesystems in das Europäische Wettbewerbsrecht ist eine Reihe von Problemen entstanden, welcher die Kommission mit Hilfe verschiedener Veröffentlichungen entgegnete.

1. Gruppenfreistellungsverordnungen

Die Gruppenfreistellungsverordnungen bilden dabei das wichtigste Instrument, eine verlässliche Beurteilung des Art. 81 Abs. 3 EG vorzunehmen. Trotz vieler kritischer Stimmen werden die GVOen auch unter der VO 1/2003 eine konstitutive Wirkung entfalten. Sie sind somit für alle Gerichte, die Kommission und die nationalen Wettbewerbsbehörden verbindliche Rechtstexte und stellen für Unternehmen eine hohe Rechtssicherheit her.

Mit der FuE-GVO ist es der Kommission größtenteils gelungen, auch materielle Rechtssicherheit zu schaffen. Der Weg eines mehr wirtschaftsorientierten Ansatzes, vor allem der Wegfall der weißen Klauseln, hat wesentlich dazu beigetragen. Zu bemängeln sind jedoch einige Unklarheiten in der Formulierung und die Aufnahme der Lizenzbeschränkung in die schwarzen Klauseln.

2. Leitlinien und Bekanntmachungen

Mit den Leitlinien und Bekanntmachungen versucht die Kommission, die GVOen näher zu erläutern und eine Anwendung des Art. 81 Abs. 3 EG im Einzelfall zu erleichtern. Diese Veröffentlichungen richten sich nicht nur an nationalen Wettbewerbsbehörden und Gerichte, sondern auch an Unternehmen. Es ist festzustellen, dass die Leitlinien und Bekanntmachungen keine rechtliche, wohl aber eine hohe faktische Bindungswirkung haben. Deshalb werden nationalen Behörden und Gerichte ihre Handlungen an diesen Veröffentlichungen ausrichten.

Allerdings haben sich die Europäischen Gerichte bisher nicht zum Status oder Inhalt von Leitlinien und Bekanntmachungen geäußert. Aufgrund dieser Ungewissheit täte die Kommission besser daran, einige wichtige Punkte mittels einer Verordnung zu regeln, um eine höhere Rechtssicherheit zu bieten.

In der Anwendungspraxis gestaltet sich eine Orientierung an den Veröffentlichungen als schwierig. Diese müssen eine Vielzahl von Fällen berücksichtigen und neigen zur Unübersichtlichkeit. Eine Bewertung im Einzelfall lässt sich aufgrund der hohen Anzahl und des großen Umfangs der Leitlinien und Bekanntmachungen nur mit professioneller Hilfe bewerkstelligen.

Für FuE-Kooperationen lässt sich festhalten, dass eine detaillierte Prüfung, so wie sie die Leitlinien vorsehen, oft entbehrlich ist. Vielmehr steht die Kommission den FuE-Kooperationen wohlwollend gegenüber und eine Freistellung ist in den überwiegenden Fällen gerechtfertigt. Trotzdem sollte auf eine gutachterliche Stellungnahme eines spezialisierten Rechtsberaters nicht verzichtet werden. Insbesondere müssen Nebenabreden geprüft werden, da hier am ehesten Beschränkungen des Wettbewerbs auftreten können.

3. Beratungsschreiben und Negativattest

Diese beiden Hilfestellungen werden in der Praxis eine untergeordnete Rolle spielen. Nur für bislang noch nicht geklärte Sachverhalte und eine Veränderung der Wettbewerbspolitik der Gemeinschaft finden diese beiden Instrumente Anwendung. Beide entfalten keine rechtliche Bindungswirkung. Wie bei Leitlinien und Bekanntmachungen auch ist eine faktische Bindungswirkung anzunehmen. Die Europäischen Gerichte haben sich zu Beratungsschreiben und Negativattest ebenfalls noch nicht geäußert. Fest steht, dass beide Rechtsinstitute nicht vor Klagen von Konkurrenten schützen.

E. Einheitliche Anwendung des EG-Wettbewerbsrechts

Neben der Implementierung des Legalausnahmesystems ist die dezentrale Anwendung der Wettbewerbsvorschriften die zweite wichtige Säule der Kartellrechtsreform. Nationale Behörden und Gerichte sind nun umfassend befugt, Art. 81 EG anzuwenden. Damit wird die Kommission von ihrem Arbeitsaufwand spürbar entlastet und kann sich auf die Verfolgung schwerwiegender Wettbewerbsverstöße konzentrieren.[271]

I. Rechtssicherheit und kohärente Anwendung

Ein derart tief greifender Paradigmenwechsel ist naturgemäß mit Problemen behaftet, die im Folgenden noch genauer betrachtet werden. An dieser Stelle seien sie zum besseren Verständnis zunächst nur wie folgt skizziert: Auf der einen Seite bestehen Befürchtungen, dass die Zuständigkeiten bei nationalen Behörden und Gerichten unklar sind. Auf der anderen Seite kann es durch diese zu einer unterschiedlichen Auslegung der Wettbewerbsvorschriften kommen.

Für die Rechtssicherheit von kooperierenden Unternehmen ist diese Situation unbefriedigend. Durch Unsicherheit kann eine Förderung von Innovationen nicht gewährleistet werden. Deshalb veröffentlichte die Kommission, ergänzend zu den Vorschriften der VO

---

[271] 3. und 4. Erwägungsgrund VO 1/2003; keine Arbeitsentlastung sehend: *Mestmäcker,* Wirtschaft und Verfassung der Europäischen Union, S. 256; siehe auch *Möschel,* CMLR 2000, S. 495: er meint, dass die Arbeitsüberlastung ein Organisationsproblem der GD IV ist und nicht im System der VO 17/62 begründet liegt

1/2003, eine Verfahrensverordnung[272] und zwei Bekanntmachungen[273], um eine kohärente Anwendung des Europäischen Wettbewerbsrechts sicherzustellen und dadurch Rechtssicherheit zu schaffen. Inwiefern der Kommission diese Aufgabe geglückt ist, soll das folgende Kapitel beleuchten.

II. Anwendung des EG-Rechts durch nationale Wettbewerbsbehörden

1. Problematik

Eine Anwendung des EG-Wettbewerbsrechts durch nationale Wettbewerbsbehörden ist nichts grundlegend Neues. Unter der VO 17/62 waren diese aber nur berechtigt, Art. 81 Abs. 1 und 2 EG anzuwenden, also die Nichtigkeit wettbewerbswidriger Absprachen festzustellen und zu untersagen.[274] Nunmehr sind sie auch befugt, die Freistellungsvoraussetzungen des Art. 81 Abs. 3 EG zu prüfen.[275]

---

[272] VO 773/2004 über die Durchführung von Verfahren auf Grundlage der Artikel 81 und 82 EG-Vertrag durch die Kommission (ABl. L 123 vom 27.4.2004, S. 18); dort finden sich spezielle Regelungen zum Verfahren, sie soll hier nicht weiter erörtert werden

[273] Bekanntmachung über die Zusammenarbeit innerhalb des Netzes der Wettbewerbsbehörden (ABl. C 101 vom 27.4.2004, S. 43), im Folgenden „Bekanntmachung über Zusammenarbeit der Wettbewerbsbehörden"; Bekanntmachung über die Zusammenarbeit zwischen der Kommission und den Gerichten der EU-Mitgliedsstaaten (ABl. C 101 vom 27.4.2004, S. 54), im Folgenden „Bekanntmachung über Zusammenarbeit mit Gerichten"

[274] Art. 9 Abs. 3 VO 17/62; vgl. auch *Wagemann/Pape,* Kartellrechtspraxis und Kartellrechtsprechung 2001/02, S. 443-445

[275] Art. 5 VO 1/2003; vgl. auch 4. Erwägungsgrund VO 1/2003

Im alten System der VO 17/62 wurden mögliche Probleme der inkohärenten Anwendung des EG-Wettbewerbsrecht schon früh im Keim erstickt. Der EuGH hat durch sein „Walt Wilhelm"-Urteil entschieden, dass es nationalen Behörden untersagt ist, eine der Kommissionspraxis gegenläufige Entscheidung zu treffen.[276]

Diese Rechtsprechung gilt weiterhin auch im neuen System. Trotzdem kann es in einer Gemeinschaft mit 25 Mitgliedsstaaten mitunter zu einer uneinheitlichen Anwendung kommen, sei es aufgrund mangelnder Kenntnis des EG-Kartellrechts, aufgrund eines anderen Rechtsverständnisses oder aufgrund nationaler industriepolitischer Interessen.[277] Eine besondere Bedeutung muss auch den neuen Mitgliedsstaaten in Ost- und Südosteuropa beigemessen werden. In diesen Staaten ist eine gewachsene „Wettbewerbskultur"[278], wie sie die VO 1/2003 unterstellt, nicht vorhanden. Diese Situation birgt daher besondere Risiken einer uneinheitlichen Anwendung.[279]

Hinzu kommt ein weiteres, gewichtiges Problem: Das „forum shopping". Darunter ist die Auswahl einer für den Beschwerdeführer günstigen Jurisdiktion zu verstehen.[280] Ein Konkurrent kann sich also diejenige nationale Kartellbehörde für eine Beschwerde aussuchen, die das Kartellrecht für ihn am weitesten bzw. restriktivsten auslegt.

---

[276] Urteil EuGH, Rs. 14/68 („Walt Wilhelm/Kommission"), Slg. 1969, S. 1, Ls. 1 und 2; vgl. dazu auch *Bartosch,* WuW 2000, S. 462, 465; *Deringer,* EuR 2001, S. 306, 313; das Urteil in dieser Sache für nicht anwendbar haltend: *Jaeger,* WuW 2000, S. 1062, 1073

[277] *Kamann/Bergmann,* BB 2003, S. 1743, 1747; so auch *Basedow,* in: Einhorn (Hrsg.), Spontaneous Order, Organisation and the Law, S. 25

[278] VO 1/2003, 1. Erwägungsgrund

[279] *von Bogdandy/Buchhold,* GRUR 2001, S. 798, 803; *Deringer,* EuZW 2000, S. 5, 11; *Geiger,* EuZW 2000, S. 165, 168; *Mestmäcker,* EuZW 1999, S. 523, 525; eine differenzierte Ansicht vertritt *Ehlermann,* CMLR 2000, S. 537, 583 f.

[280] vgl. *Gröning,* WRP 2000, S. 882, 885

Auch andere Faktoren wie Verfahrenskosten und Zeit können Anreiz zum „forum shopping" bieten.[281] Kooperierenden Unternehmen können dadurch besondere Nachteile entstehen, da sie sich im Extremfall auf Verfahren in 25 Mitgliedsstaaten einstellen müssen. Damit besteht die Gefahr, dass das „one-stop-shop-Prinzip" durchbrochen wird. Dieses Prinzip soll sicherstellen, dass ein und derselbe Sachverhalt nicht vor mehreren Kartellbehörden parallel Gegenstand eines Verfahrens (mit unterschiedlichem Ausgang!) sein kann.

Als letzter Problembereich der dezentralen Anwendung sei die rechtliche Verbindlichkeit von Behördenentscheidungen genannt. Genau diese besteht nämlich nur in dem Staat, in dessen Hoheitsgebiet die Behörde ihren Sitz hat. Über die Grenzen des Mitgliedsstaates hinaus ist eine Bindungswirkung grundsätzlich nicht gegeben.[282]

2. Lösungsansätze

a. Bestimmungen in der VO 1/2003

Gemäß der VO 1/2003 sollen die Kartellbehörden der Mitgliedsstaaten und die Europäische Kommission ein Netz bilden, um in enger Zusammenarbeit die EG-Wettbewerbsregeln anzuwenden. Dies soll mit Hilfe von Informations- und Konsultationsverfahren gesche-

---

[281] *Kingston,* ECLR 2001, S. 340, 349; in die gleiche Richtung auch *Zinsmeister/Lienemeyer,* WuW 2002, S. 331, 339 f.

[282] *Ehlermann,* CMLR 2000, S. 537, 550

hen.[283] Das Netzwerk trägt den Namen „Europäisches Wettbewerbsnetz (ECN)".[284]

(1) Aktionsrahmen und Zuständigkeit

Die nationalen Wettbewerbsbehörden sind für die Anwendung des Art. 81 EG im Einzelfall zuständig. Konkret können sie nach Art. 5 VO 1/2003 Entscheidungen treffen, mit denen:

- die Abstellung von Zuwiderhandlungen angeordnet wird,
- einstweilige Maßnahmen angeordnet werden,
- Verpflichtungszusagen angenommen werden,
- Geldbußen, Zwangsgelder oder sonstige durch nationales Recht vorgesehene Sanktionen verhängt werden.

Sind die Voraussetzungen für ein Verbot nach den vorliegenden Informationen nicht gegeben, so dürfen sie auch feststellen, dass kein Anlass zum Tätigwerden besteht.[285]

Charakteristisch für die dezentrale Anwendung der EG-Wettbewerbsregeln ist die parallele Zuständigkeit der nationalen Wettbewerbsbehörden. Ein Wettbewerber kann demnach eine Ver-

---

[283] 15. Erwägungsgrund VO 1/2003; kritisch: *Böge/Scheidgen,* EWS 2002, S. 201, 204

[284] Bekanntmachung über Zusammenarbeit der Wettbewerbsbehörden, Tz. 1; abzugrenzen ist das ECN von dem Forum „ECA" (European Competition Authorities, Diskussionsforum der Wettbewerbsbehörden der Länder im Europäischen Wirtschaftsraum sowie der Europäischen Kommission und der EFTA-Überwachungsbehörde) und dem Netzwerk „ICN" (International Competition Network, Netzwerk der Internationalen Kartellbehörden)

[285] Art. 5 VO 1/2003

einbarung durchaus vor mehreren Wettbewerbsbehörden zur Beschwerde bringen.[286] Der Verordnungsgeber hat dieses Problem erkannt und regelt in Art. 13 VO 1/2003 das parallele Vorgehen mehrer Behörden. Demnach „stellt der Umstand, dass eine Behörde den Fall bereits bearbeitet, für die übrigen Behörden einen hinreichenden Grund dar, ihr Verfahren auszusetzen oder die Beschwerde zurückzuweisen".

So kann für eine Vielzahl von Verfahren sichergestellt werden, nur von einer Wettbewerbsbehörde bearbeitet zu werden. Sollte jedoch keine Einigung im Netzwerk erreicht werden, kann die Kommission ein Verfahren einleiten und dieses an sich ziehen.

(2) Verbot abweichender Entscheidungen

Eine entscheidende Vorschrift zur kohärenten Rechtsanwendung findet sich in Art. 16 Abs. 2 VO 1/2003:

> „Wenn Wettbewerbsbehörden der Mitgliedstaaten nach Artikel 81 oder 82 des Vertrags über Vereinbarungen, Beschlüsse oder Verhaltensweisen zu befinden haben, die bereits Gegenstand einer Entscheidung der Kommission sind, dürfen sie keine Entscheidungen treffen, die der von der Kommission erlassenen Entscheidung zuwiderlaufen würden."

Bereits vor Inkrafttreten der VO 1/2003 galt dieser Grundsatz wegen Art. 10 Abs. 2 EG[287] und der Rechtsprechung des EuGH.[288] Im

---

[286] 22. Erwägungsgrund VO 1/2003

[287] *Ritter,* in: Immenga/Mestmäcker (Hrsg.), EG-Wettbewerbsrecht, Bd. II, Art. 9 VO 17, Rn. 18; vgl. auch *Hatje,* in: Schwarze (Hrsg.), EU-Kommentar, Art. 10 EGV Rn. 40-42

Gegensatz zum horizontalen Verhältnis der nationalen Wettbewerbsbehörden untereinander ist diese Regelung eindeutig formuliert und lässt keinen Spielraum für Abweichungen. Bei einer Entscheidung sind nationale Wettbewerbsbehörden immer an die Kommissionspraxis gebunden. Unternehmen und ihre Berater können sich somit auf eine jahrzehntelang gewachsene Entscheidungspraxis stützen.

(3) Zusammenarbeit zwischen Kommission und Wettbewerbsbehörden

Gemäß Art. 11 Abs. 1 VO 1/2003 sollen die Kommission und die nationalen Wettbewerbsbehörden eng zusammenarbeiten. Dazu übermittelt die Kommission den Mitgliedern des Netzwerkes alle wichtigen Schriftstücke, die sie zur Anwendung von Art. 81 EG zusammengetragen hat.[288] Die nationalen Wettbewerbsbehörden sind verpflichtet, die Kommission von einer Verfahrenseinleitung zu unterrichten.[290]

Zudem müssen sie 30 Tage vor der Beendigung eines Verfahrens die Kommission von dem Inhalt der beabsichtigten Entscheidung in Kenntnis setzen. Durch diese Regelung erhält die Kommission ein Interventionsrecht, wovon sie im Falle einer der Rechtsprechungs- und Kommissionspraxis gegenläufigen Entscheidung einer nationalen Behörde Gebrauch machen kann.[291]

---

[288] Urteil EuGH, Rs. C-234/89 („Delimitis/Henninger Bräu"), Slg. 1991, S. I-935, Tz. 47

[289] Art. 11 Abs. 2 VO 1/2003

[290] Art. 11 Abs. 3 VO 1/2003

[291] kritisch *Mestmäcker*, EuZW 1999, S. 523, 528 f.; er spricht in Anlehnung an ein kaiserliches Privileg von einem „Evokationsrecht"

Ferner können diese Informationen auch den anderen Behörden des Netzwerkes zugänglich gemacht werden.[292] Nach Abs. 5 steht den Wettbewerbsbehörden jederzeit das Recht zu, die Kommission zur Anwendung des Gemeinschaftsrechts zu konsultieren.

Die exponierte Stellung der Kommission innerhalb des Netzwerkes wird in Abs. 5 deutlich. Sobald diese ihrerseits ein Verfahren einleitet, entfällt die Zuständigkeit der nationalen Wettbewerbsbehörden. Dies gilt selbst dann, wenn eine mitgliedsstaatliche Wettbewerbsbehörde schon ein Verfahren eingeleitet hat. In diesem Fall ist die betreffende Behörde vorher von der Kommission zu unterrichten.[293]

An dieser Stelle wird die Idee des Netzwerkes durchbrochen. Grundsätzlich ist ein Netzwerk dadurch gekennzeichnet, dass alle Mitglieder auf einer Ebene operieren. Die Kommission besitzt aber eine die anderen Behörden überragende Stellung. Bestenfalls kann man davon sprechen, dass die Kommission „Erste unter Gleichen" ist. Trotz einiger Kritik[294] hat diese Systematik durchaus ihre Berechtigung, denn nur so kann die Kommission die Steuerung der Wettbewerbspolitik wirksam durchführen.[295] Darüber hinaus ist für eine kohärente Anwendung des Gemeinschaftsrechts eine Instanz erforderlich, die eine verbindliche Koordinierungsfunktion im Netz wahrnimmt. Im Sinne der Rechtssicherheit ist diese primus inter pares-Stellung der Kommission zu begrüßen.[296]

---

[292] Art. 11 Abs. 3 und 4 VO 1/2003

[293] zustimmend *Schütz,* WuW 2000, S. 686, 693

[294] *Böge/Scheidgen,* EWS 2002, S. 201; *Gröning,* WRP 2001, S. 83, 88

[295] zur Steuerung der Wettbewerbspolitik als Aufgabe der Kommission siehe Urteil EuGH, Rs. C-344/98 („Masterfoods"), Slg. 2000, S. I-11369, Tz. 46

[296] *Deringer,* EuR 2001, S. 306, 314; auch für eine starke Stellung der Kommission: *Lowe,* WuW 2003, S. 867

(4) Informationsaustausch

Zur Anwendung von Art. 81 und 82 EG sind Kommission und nationale Wettbewerbsbehörden befugt, vertrauliche Informationen auszutauschen und als Beweismittel zu verwenden. Diese Informationen dürfen die Behörden auch in Verfahren nach einzelstaatlichem Kartellrecht verwenden, wenn es sich um den gleichen Fall handelt und es zu gleichen Ergebnissen führt wie das Verfahren nach Gemeinschaftsrecht.[297]

Eine Einschränkung von dieser Befugnis ist zu beachten, wenn sich das Verfahren gegen natürliche Personen, z.B. Mitarbeiter eines Unternehmens, richtet. Hier müssen die Gesetze der Beweis erhebenden Behörde und der Verfahren führenden Behörde „ähnlich geartete Sanktionen" kennen. Ist dies nicht der Fall, müssen die Informationen so erhoben werden, dass der natürlichen Person in Bezug auf ihre Verteidigungsrechte ein gleiches Schutzniveau garantiert werden kann. Haftstrafen dürfen im letztgenannten Fall nicht verhängt werden.[298]

b. Die Bekanntmachung der Kommission

Zur Konkretisierung der Vorschriften der VO 1/2003 hat die Kommission eine Bekanntmachung veröffentlicht.[299] Damit will sie eine bessere Zusammenarbeit im Netzwerk erreichen, insbesondere

---

[297] Art. 12 Abs. 1, 2 VO 1/2003

[298] Art. 12 Abs. 3 VO 1/2003

[299] Bekanntmachung über die Zusammenarbeit innerhalb des Netzes der Wettbewerbsbehörden (ABl. C 101 vom 27.4.2004, S. 43), im Folgenden „Bekanntmachung über Zusammenarbeit der Wettbewerbsbehörden"

durch die Aufstellung von Kriterien zur effizienten Fallverteilung. Es geht also im Kern um die Frage, welche Behörde am besten geeignet ist, einen Fall zu bearbeiten.

(1) Bindungswirkung der Bekanntmachung

Die Bekanntmachung über die Zusammenarbeit innerhalb des Netzes der Wettbewerbsbehörden ist eine Sammlung von veröffentlichten Verwaltungsgrundsätzen. Insoweit kann auf die Ausführungen über die Rechtsnatur von Leitlinien und Bekanntmachungen im Abschnitt D. III. 1. verwiesen werden. Als Ergebnis dieser Ausführungen lässt sich Folgendes resümieren: Bekanntmachungen entfalten keine rechtliche Bindungswirkung. Ihnen wird allerdings eine hohe faktische Bindungswirkung zugesprochen. Dadurch bieten sie eine gewisse Rechtssicherheit, die aber dennoch hinter der von Verordnungen ausgehenden Rechtssicherheit zurückbleibt.

(2) Parallele Zuständigkeit im European Competition Network (ECN)

(a) Grundsätze der Fallverteilung

Die nationalen Wettbewerbsbehörden entscheiden von sich aus, ob sie ein Verfahren einleiten. Durch die parallele Zuständigkeit ist es möglich, dass mehrere Behörden einen identischen Fall bearbeiten. Dabei sind drei Konstellationen denkbar:

- eine nationale Wettbewerbsbehörde wird allein tätig, gegebenenfalls mit Unterstützung anderer Mitglieder des Netzes,

- mehrere Wettbewerbsbehörden handeln parallel,
- die Kommission leitet ein Verfahren ein.[300]

Die Befugnis jeder Behörde zur Verfahrenseinleitung wird aber auch von der Verpflichtung begleitet, für eine effiziente Arbeitsteilung im ECN zu sorgen. Zwar können mehrere Behörden gegen eine Vereinbarung parallel vorgehen, aber oft ist ein Tätigwerden aller Behörden nicht zweckmäßig und bindet Ressourcen, die anderweitig besser eingesetzt werden könnten. So kann es durchaus möglich und geboten sein, dass nach Abstimmung im ECN eine Umverteilung des Verfahrens stattfindet. In den meisten Fällen soll jedoch die einleitende Behörde das Verfahren auch weiterhin bearbeiten.[301] Eine Umverteilung von Fällen soll schnell und effizient durchgeführt werden und ist nur in einem zweimonatigen Zeitraum nach Verfahrenseinleitung möglich.[302]

Die einleitende Behörde soll gut geeignet sein, sich eines Falles anzunehmen. Eine Behörde ist dann gut geeignet, wenn die Vereinbarung wesentliche Auswirkungen auf deren Hoheitsgebiet bzw. dort ihren Ursprung hat oder dort umgesetzt wird. Des Weiteren muss diese Behörde fähig sein, eine mögliche Zuwiderhandlung zu beenden. Sie muss auch befugt sein, Nachweise zu erheben, gegebenenfalls mit Hilfe anderer Wettbewerbsbehörden.[303]

---

[300] Bekanntmachung über Zusammenarbeit der Wettbewerbsbehörden, Tz. 5

[301] Bekanntmachung über Zusammenarbeit der Wettbewerbsbehörden, Tz. 6

[302] Bekanntmachung über Zusammenarbeit der Wettbewerbsbehörden, Tz. 18

[303] Bekanntmachung über Zusammenarbeit der Wettbewerbsbehörden, Tz. 8

(b) Verfahren vor nationalen Wettbewerbsbehörden

Eine nationale Wettbewerbsbehörde kann ein Verfahren zur Prüfung von Art. 81 EG auf eine Beschwerde[304] hin oder von Amts wegen beginnen. Einleitung, Verfahrensgang – insbesondere das Erheben von Informationen und Beweisen – und Beendigung richten sich nach nationalem Verfahrensrecht.[305] Sollte der Sachverhalt von mehreren Behörden aufgenommen worden sein, sind eine Abstimmung und gegebenenfalls eine Umverteilung notwendig. Ist ein Mitglied des Netzwerkes besser geeignet, kommt für die andere Behörde eine Aussetzung oder Beendigung des Verfahrens in Betracht. Auch eine teilweise Einstellung bzw. Aussetzung ist zulässig.[306]

(3) Verfahrenseinleitung durch die Kommission

Leitet die Kommission ein Verfahren ein, verlieren die nationalen Behörden ihre Zuständigkeit, auch wenn sie ihrerseits ein Verfahren bereits begonnen haben.[307] Die Bekanntmachung setzt dieser Befugnis jedoch Grenzen. Demnach kann die Kommission grundsätzlich nur in der zweimonatigen Fallverteilungsphase ein Verfahren einleiten. Dazu muss eine der folgenden Voraussetzungen vorliegen:

Entscheidungen mehrerer nationaler Behörden sind widersprüchlich, wenn:

---

[304] näheres regelt die Bekanntmachung der Kommission über die Behandlung von Beschwerden (ABl. C 101 vom 27.4.2004, S. 5)

[305] in Deutschland gelten nach § 50 Abs. 2 GWB die Verfahrensvorschriften des GWB; zur Zeit ist die 7. Novelle des GWB im Gesetzgebungsprozess (vgl. BT-Drucksache 441/04 vom 28.5.2004)

[306] Art. 13 VO 1/2003

- eine Entscheidung einer nationalen Behörde widersprüchlich zur gesicherten Rechtsprechung ist,
- eine Verfahren bei einer nationalen Behörde unangemessen verzögert wird,
- sie die Weiterentwicklung der Wettbewerbspolitik verhindert,
- oder die nationale Wettbewerbsbehörde keine Einwände gegen die Verfahrenseinleitung erhebt.[308]

Ist eine nationale Behörde bereits tätig und leitet die Kommission ein Verfahren ein, so begründet die Kommission ihr Vorhaben der betroffenen Behörde und den anderen Mitgliedern des Netzes. Den nationalen Behörden steht dann die Möglichkeit offen, diese Angelegenheit im Beratenden Ausschuss zu erörtern.[309]

c. **Der Beratende Ausschuss**

In Art. 14 VO 1/2003 werden die Zusammensetzung und Befugnisse des Beratenden Ausschusses geregelt. Diese Institution gab es schon unter der alten Kartellverordnung, aber ihre Stellung wurde nachhaltig gestärkt.

Der Ausschuss setzt sich für die Erörterung von Einzelfällen aus Vertretern der nationalen Wettbewerbsbehörden zusammen. Für alle

---

[307] Art. 11 Abs. 6 VO 1/2003; kritisch *Deringer,* EuZW 2000, S. 5, 9

[308] Bekanntmachung über Zusammenarbeit der Wettbewerbsbehörden, Tz. 54

[309] Bekanntmachung über Zusammenarbeit der Wettbewerbsbehörden, Tz. 55 f.

anderen Fragen kann jeder Mitgliedsstaat einen zusätzlichen Vertreter entsenden.[310]

Hauptaufgabe des Beratenden Ausschusses ist die vorherige Stellungnahme zu Entscheidungen, die von der Kommission getroffen werden sollen.[311] Eine solche Anhörung kann nach Abs. 4 auch im Wege des Schriftverkehrs erfolgen. Auf Wunsch des Ausschusses ist gemäß Abs. 6 die Stellungnahme von der Kommission zu veröffentlichen. Des Weiteren kann das Gremium auch allgemeine Fragen des Wettbewerbsrechts erörtern sowie Fälle auf die Tagesordnung setzen, die von den Mitgliedsstaaten behandelt werden. Allerdings gibt der Ausschuss hierzu keine Stellungnahme ab.[312]

3. Bindungswirkung von Entscheidungen nationaler Wettbewerbsbehörden

Auf die Bedeutung von Entscheidungen nationaler Wettbewerbsbehörden wurde bereits hingewiesen.[313] Dennoch sollen sie in diesem Abschnitt etwas genauer betrachtet werden.

Wird eine nationale Behörde tätig, so wendet sie ihr eigenes, nationales Verfahrensrecht an. Die dann getroffene Entscheidung gilt aber nur für das Territorium des Mitgliedsstaates, eine darüber hinaus gehende Bindungswirkung für andere Mitglieder des Netzwerkes wird hingegen nicht begründet. Sie kann in derselben Sache durchaus eine andere Entscheidung treffen und ist nicht an die Entscheidung der

---

[310] Art. 14 Abs. 2 VO 1/2003

[311] Art. 14 Abs. 3 VO 1/2003

[312] Art. 14 Abs. 7 VO 1/2003

[313] Abschnitt E. II. 4. a. bb., S. 72

anderen Behörde gebunden.[314] Nach *Ehlermann* könne eine Verbindlichkeit, wenn überhaupt, nur durch eine psychologische Wirkung einer Entscheidung für andere Behörden erreicht werden.[315]

Eine Ausnahme liegt jedoch vor, wenn bilaterale Abkommen die Anerkennung von Entscheidungen der Verwaltungsbehörden regeln.[316] In den meisten Fällen ist jedoch damit zu rechnen, dass keine bilateralen Abkommen bestehen.

4. Kritische Bewertung

a. Fallverteilungskriterien

Ein zentraler Punkt der Kritiker ist die Forderung, dass die Fallverteilungskriterien als Teil einer Bekanntmachung manifestiert werden. Eine Verordnung wäre der bessere Regelungstyp gewesen. So hätte eine einseitige Rechtssetzung der Kommission verhindert und zugleich ein höheres Maß an Rechtsverbindlichkeit geschaffen werden können. Die Kommission lehnte diesen Vorschlag jedoch ab, da eine

---

[314] Weißbuch, Tz. 60; 5. Erwägungsgrund VO 1/2003; *Basedow*, in: Einhorn (Hrsg.), Spontaneous Order, Organisation and the Law, S. 21; *Eilmansberger*, JZ 2001, S. 365, 371

[315] *Ehlermann*, CMLR 2000, S. 537, 571

[316] *Basedow*, in: Einhorn (Hrsg.), Spontaneous Order, Organisation and the Law, S. 21; z.B. das Abkommen Deutschland und Frankreich (BGBl. 1984-II, S. 758-762)

Verordnung durch die notwendige Mitarbeit mehrerer Instanzen (z.B. des Rates) eine unflexible Regelung darstelle.[317]

Einer kritischen Prüfung muss auch die Fallverteilung innerhalb des Netzwerkes unterzogen werden. Zwar versucht die Kommission in der Bekanntmachung die Fallverteilung zu regeln, gibt aber offen zu, dass auch mehrere Behörden denselben Sachverhalt prüfen können. Für kooperationswillige Unternehmen stellt dies eine höchst unbefriedigende Lösung dar, werden doch dem „forum shopping" Tür und Tor geöffnet. Besser wären alternative Regelungen, z.B. in Form einer Kollisionsnorm, welche die ausschließliche Zuständigkeit einer nationalen Behörde (one-stop-shop-Prinzip) gewährleistet.[318]

b. Nationale Verfahrensrechte

Für Unternehmen, die miteinander kooperieren wollen, führen die verschiedenen nationalen Verfahrensrechte zu Unsicherheit. Nicht nur Verfahrensgang und Dauer spielen dabei eine Rolle, sondern auch die unterschiedlichen Sanktionsmöglichkeiten.[319] Dieser Punkt ist auch im Schrifttum erkannt und diskutiert worden. Dabei wurde festgestellt, dass gemeinschaftsweit einheitliche Verfahren zu einer größeren Kohärenz der Rechtsanwendung und somit auch zu

---

[317] vgl. *Böge/Scheidgen*, EWS 2002, S. 201, 202; auch gegen eine Bekanntmachung als Regelungstyp: *Gilliams*, ELR 2003, S. 451, 569; *Hossenfelder*, Competition law sanctioning in the European Union, S. 165, 170; *Monopolkommission*, Sondergutachten Nr. 32, S. 36 f.

[318] *Kirchner*, in: Schwerpunkte des Kartellrechts 2001, S. 14; auch eine ausschließliche Zuständigkeit fordernd: *Basedow*, in: Einhorn (Hrsg.), Spontaneous Order, Organisation and the Law, S. 22; für eine Angleichung durch den Rat: *Ehlermann*, CMLR 2000, S. 537, 572

[319] *Zinsmeister/Lienemeyer*, WuW 2002, S. 331, 334-336

mehr Rechtssicherheit führen würden.[320] *Ehlermann* sieht sogar den Rat durch Art. 83 EG ermächtigt, eine entsprechende Regelung zur Vereinheitlichung des Verfahrensrechts zu schaffen.[321] Dennoch wurden die Vorschläge nicht in der VO 1/2003 berücksichtigt. Auch in der Bekanntmachung über die Zusammenarbeit innerhalb des Netzes der Wettbewerbsbehörden nahm die Kommission die Anregungen nicht auf. Sie verlässt sich hingegen einzig und allein auf eine informelle Abstimmung innerhalb des ECN.[322]

III. Einheitliche Anwendung durch die nationalen Gerichte

1. Problematik

Neben den Behörden der Mitgliedsstaaten sind auch nationale Gerichte befugt, Art. 81 EG in seiner Gänze anzuwenden. Sie sollen primär die „subjektiven Rechte von Privatpersonen in deren Beziehungen zueinander wahren"[323]. Dabei kann es ebenfalls zu einer uneinheitlichen Anwendung der EG-Wettbewerbsregeln kommen.

---

[320] *Basedow,* in: Einhorn (Hrsg.), Spontaneous Order, Organisation and the Law, S. 27; *Deringer,* EuR 2001, S. 306, 314; *Kingston,* ECLR, S. 340, 346; *Schütz,* WuW 2000, S. 686, 693

[321] *Ehlermann,* CMLR 2000, S. 537, 572

[322] Bekanntmachung über Zusammenarbeit der Wettbewerbsbehörden, Tz. 3; bei Nutzung dieser Probleme keine Probleme sehend: *Koenigs,* DB 2003, S. 755, 759

[323] *Mestmäcker,* in Immenga/Mestmäcker (Hrsg.), EG-Wettbewerbsrecht, Bd. I, Einleitung A., Rn. 61

Ein Problem stellt dabei die mangelnde Justiziabilität des Art. 81 Abs. 3 EG dar. Selbst der Gerichtshof und das Gericht Erster Instanz haben sich aufgrund der hohen Komplexität und der Menge an unbestimmten Rechtsbegriffen geweigert, die Auslegung der Kommission einer detaillierten Prüfung zu unterziehen.[324] Fraglich ist also, ob der nationale Richter im Stande ist, den Art. 81 Abs. 3 EG anzuwenden.[325]

Wie auch bei den Verfahren vor den Wettbewerbsbehörden besteht auch bei den nationalen Gerichten die Gefahr des „forum shopping". Zum einen wird dieses Phänomen durch national unterschiedliches Prozessrecht begünstig.[326] Beispielhaft für solche Unterschiede seien an dieser Stelle die verschiedenen Verfahrensgrundsätze angeführt. In Deutschland wird das Zivilprozessverfahren durch den Beibringungsgrundsatz bestimmt. Demnach sind die Parteien verantwortlich, die tatsächlichen Urteilsunterlagen und Beweismittel vorzubringen.[327] Im Kartellverfahrensrecht ist aber wegen der hohen Komplexität der Beurteilung (z.B. Bestimmung des relevanten Marktes) der Untersuchungsgrundsatz besser geeignet. Nach diesem ist das Gericht verpflichtet, unabhängig von den Parteien, den Sachverhalt aufzuklären und alle erforderlichen Tatsachen und Beweismittel heranzuziehen und zu prüfen.[328]

---

[324] Urteil EuGH, verb. Rs. 56/64 und 58/64 („Consten und Grundig"), Slg. 1966, S. 322, 395; Urteil EuG, Rs. T-29/92 („SPO/Kommission"), Slg. 1995, S. II-289, Ls. 11; bestätigt durch Beschluss EuGH, Rs. C-137/95 („SPO/Kommission"), Slg. 1996, S. I-1611, Tz. 35-37

[325] *Ehlermann,* CMLR 2000, S. 537, 585; *Fikentscher,* WuW 2001, S. 446, 454; *Gilliams,* ELR 2003, S. 451, 457; *Quellmalz,* WRP 2004, S. 461, 462; *Schütz,* WuW 2000, S. 686, 693

[326] *Gröning,* WRP 2000, S. 882, 883 f.; *Jaeger,* WuW 2000, S. 1062, 1077; *Möschel,* JZ 2000, S. 61, 62 sieht gar ein verfassungsrechtliches Problem

[327] *Jauernig,* Zivilprozessrecht, S. 88; eine Intervention des Richters nur über die Hinweispflicht § 139 ZPO möglich, vgl. *Reichold,* in: Thomas/Putzo, Zivilprozessordnung, § 139 Rn. 1

[328] *Jauernig,* Zivilprozessrecht, S. 88; *Kirchhoff,* WuW 2004, S. 745, 751

2. Lösungsansätze

Zur Beseitigung dieser Unsicherheiten werden zunächst die Bestimmungen der VO 1/2003 untersucht. Sie sind sekundäres Gemeinschaftsrecht und binden Kommission wie auch nationale Gerichte. Anders verhält es sich mit der Bekanntmachung, die die Kommission zur besseren Zusammenarbeit zwischen ihr und den Gerichten erlassen hat. Sie stellt nur veröffentlichte Verwaltungsgrundsätze dar und bindet die Gerichte der Mitgliedsstaaten rechtlich nicht. Dennoch wird ihr eine hohe faktische Bindungswirkung zugesprochen.[329]

a. Bestimmungen durch die VO 1/2003

(1) Zusammenarbeit

Die Verordnung regelt die Zusammenarbeit zwischen Gerichten und Mitgliedsstaaten in Art. 15. So können die Gerichte bei Anwendung des Art. 81 EG die Kommission um Informationen und Stellungnahmen ersuchen.[330] Die Mitgliedsstaaten sind wiederum verpflichtet, der Kommission eine Kopie jedes Urteils zukommen zu lassen.[331]

Um eine kohärente Anwendung der Wettbewerbsvorschriften bereits im laufenden Verfahren zu sichern, können einzelstaatliche

---

[329] siehe S. 45 ff.

[330] Art. 15 Abs. 1 VO 1/2003

[331] Art. 15 Abs. 2 VO 1/2003

Wettbewerbsbehörden oder die Kommission dem Gericht eine schriftliche Stellungnahme übermitteln, also als „amicus curiae" tätig werden. Vorbehaltlich der Erlaubnis des Gerichtes sind sie auch befugt, mündlich Stellung zu nehmen. Zum Zwecke der Anfertigung einer solchen Erklärung können Kommission bzw. nationale Wettbewerbsbehörden das erkennende Gericht bitten, alle Schriftstücke, die zur Beurteilung des Falles erforderlich sind, zu übersenden.[332]

(2) Verbot abweichender Entscheidungen

Durch Art. 16 VO 1/2003 wird es nationalen Gerichten untersagt, keine der Kommissionspraxis gegenläufige Entscheidung zu treffen. Dies gilt selbst dann, wenn die Kommission in einem von ihr eingeleiteten Verfahren noch nicht entschieden hat. Hier muss das Gericht der beabsichtigten Entscheidung der Kommission folgen. Da dies im Einzelfall Probleme aufwerfen könnte, ist das Gericht zur Aussetzung des Verfahrens berechtigt.[333]

Diese Regelungen wurden aus der Rechtsprechung des Gerichtshofes in die Verordnung übernommen. Der Vorrang des Gemeinschaftsrechts gebietet es, dass nationale Gerichte an bestehende Entscheidungen der Kommission gebunden sind. In seinem wegweisenden „Delimitis"-Urteil weitete der EuGH diesen Grundsatz auf Entscheidungen aus, die die Kommission in einem laufenden Verfahren zu treffen beabsichtigt.[334]

---

[332] Art. 15 Abs. 3 VO 1/2003

[333] Art. 16 Abs. 1 VO 1/2003

[334] Urteil EuGH, Rs. C-234/89 („Delimitis/Henninger Bräu"), Slg. 1991, S. I-935, Tz. 47; vgl. *Kamann/Horstkotte,* WuW 2001, S. 458 f.

(3) Bewertung

Die Bitte um eine Stellungnahme kann insbesondere dann erforderlich sein, wenn ein Gericht in der Beurteilung der ökonomischen Auswirkungen einer Vereinbarung Schwierigkeiten hat. Die Kommission kann in diesem Fall auf ihren Chefökonomen zurückgreifen, der entsprechende Gutachten erstellen kann.[335] Davon profitieren nicht nur der Richter, sondern auch die Parteien. Für diese ist es nämlich oft schwierig, die ökonomischen Auswirkungen ihrer Vereinbarung substantiiert darzulegen und zu beweisen.

Bedenken bestehen aber hinsichtlich der Regelung des Art. 15 Abs. 3 VO 1/2003. Demnach können sowohl nationale Wettbewerbsbehörden als auch die Kommission dem nationalen Gericht unaufgefordert Stellungnahmen übermitteln. Zweifellos helfen die Stellungnahmen dem nationalen Richter und fördern die kohärente Anwendung des EG-Wettbewerbsrechts. Auf der anderen Seite ist es aber die Hauptaufgabe des Richters, Gesetze auszulegen, also primäres und sekundäres Gemeinschaftsrecht anzuwenden. Dazu zählen nicht Verlautbarungen der Kommission oder gar nationaler Wettbewerbsbehörden. Der nationale Richter operiert immer noch auf Grundlage seiner richterlichen Unabhängigkeit und ist daher nicht an Stellungnahmen der Kommission gebunden.[336]

---

[335] vgl. Handelsblatt vom 17.7.2003, S. 16

[336] vgl. *Pérez van Kappel,* EWS 2001, S. 228, 232

b. Die Regelungen der Bekanntmachung

(1) Anwendung des Gemeinschaftsrechts durch die Gerichte

Die Bekanntmachung der Kommission über die Zusammenarbeit der Kommission mit den Gerichten der Mitgliedsstaaten konkretisiert die Vorschriften der VO 1/2003. Die in der Bekanntmachung dargelegten Grundsätze basieren weitgehend auf Kriterien, die der EuGH in seiner Rechtsprechung entwickelt hat. Die Gerichte wenden dabei grundsätzlich ihr eigenes Verfahrensrecht an. Das Europäische Wettbewerbsrecht stellt jedoch einige Instrumente zur Verfügung, z.b. die Stellungnahme der Kommission im Gerichtsverfahren nach Art. 15 Abs. 3 VO 1/2003, die von den nationalen Gerichten zwingend berücksichtigt werden müssen.[337]

Des Weiteren muss im Verfahren den Grundsätzen des Gemeinschaftsrechts Rechnung getragen werden. Da jedes Gericht sein nationales Verfahrensrecht anwendet, gibt es auch unterschiedlich ausgeprägte Angriffs- und Verteidigungsrechte sowie unterschiedlich starke Sanktionen. Der EuGH hat deshalb eine Reihe von Kriterien entwickelt, die jederzeit zu beachten sind. So muss das nationale Recht Sanktionen vorsehen, die wirksam, angemessen und abschreckend sind.[338] Einer geschädigten Partei darf es nicht verwehrt werden, Schadensersatzansprüche bei einem Kartellverstoß geltend zu ma-

---

[337] Bekanntmachung über Zusammenarbeit mit Gerichten, Tz. 9; so auch Urteil EuGH, Rs. 106/77 („Staatliche Finanzverwaltung/Simmenthal"), Slg. 1978, S. 629, Tz. 16

[338] Urteil EuGH, Rs. 68/88 („Kommission/Griechenland"), Slg. 1989, S. 2965, Tz. 24

chen.[339] Nicht zuletzt darf das nationale Recht die Durchsetzung von Ansprüchen[340] nicht übermäßig erschweren.[341]

Hat das nationale Gericht Zweifel an der Rechtmäßigkeit einer Kommissionsentscheidung, ist es nach Art. 234 EG verpflichtet, dem EuGH dieses Problem zur Vorabentscheidung vorzulegen.

(2) Zusammenarbeit zwischen Kommission und Gerichten

Die Zusammenarbeit zwischen Gerichten und Kommission wird durch die in Art. 10 EG begründeten gegenseitigen Loyalitätspflichten bestimmt.

So ist die Kommission verpflichtet, auf Anfrage grundsätzlich alle in ihrem Besitz befindlichen Informationen dem Gericht zu übermitteln.[342] Dies soll in einem Zeitraum von maximal einem Monat geschehen. Ausnahmsweise kann sie Informationen zurückhalten, wenn es um die Wahrung von Geschäftsgeheimnissen geht oder Informationen eines Kronzeugen schutzwürdig sind.[343]

Bei Anwendung des Art. 81 EG sollen sich die Gerichte zuerst an der Rechtsprechung der Gemeinschaftsgerichte sowie an Verordnungen, Entscheidungen und Bekanntmachungen der Kommission orientieren. Ist eine Bewertung einer Vereinbarung aufgrund dieser Orien-

---

[339] Urteil EuGH, verb. Rs. C-6/90 und C-9/90 („Francovich"), Slg. 1991, S. I-5357, Tz. 33-36

[340] Urteil EuGH, Rs. 33/76 („Rewe/Landwirtschaftskammer Saarland"), Slg. 1976, S. 1989, Tz. 5

[341] Bekanntmachung über Zusammenarbeit mit Gerichten, Tz. 10

[342] dies folgt schon aus der Rechtsprechung, vgl. Beschluss EuGH, Rs. 2/88 („Zwartveld"), Slg. 1990, S. I-3365, Tz. 22

tierungshilfen nicht möglich, kann das erkennende Gericht die Kommission um eine Stellungnahme ersuchen.[344]

c. Erleichterung der Justiziabilität

(1) Kompetenz der nationalen Richter

Die Ermächtigung der Richter, Art. 81 Abs. 3 EG anzuwenden, ist für Unternehmen, ob Klagende oder Beklagte, von entscheidender Bedeutung. Eine hohe Kompetenz trägt diesbezüglich zu mehr Rechtssicherheit bei. Genau diese Kompetenz wurde in Teilen der Literatur in Frage gestellt.[345] Die Befürchtungen fußen auf der Existenz der unbestimmten Rechtsbegriffe des Abs. 3. Hinzu kommt, dass die Kommission in letzter Zeit eine ökonomischere Interpretation der Wettbewerbsregeln verfolgt, sei es durch Leitlinien oder durch den neuen Typ der Gruppenfreistellungsverordnungen.[346] Letztere haben die Gerichte zwingend zu beachten. Diese beiden Aspekte stellen an die Richter hohe Anforderungen, denen sie sich aufgrund ihrer Zuständigkeit stellen müssen.

Im Zivilprozess sind die Parteien für die Beibringung von Tatsachen und Beweisen verantwortlich. Diese Darlegungen hat das Ge-

---

[343] Bekanntmachung über Zusammenarbeit mit Gerichten, Tz. 21-26

[344] Bekanntmachung über Zusammenarbeit mit Gerichten, Tz. 27

[345] *von Bogdandy/Buchhold,* GRUR 2001, S. 798, 803; *Emmerich,* WRP 2000, S. 858, 862; *Möschel,* JZ 2000, S. 61, 65; *ders.,* WuW 2001, S. 147, 148; *Quellmalz,* WRP 2004, S. 461, 462; *Schütz,* WuW 2000 S. 686, 693

[346] *Bahr/Loest,* EWS 2002, S. 203 f.

richt zu würdigen. Die Kommission hat durch die Veröffentlichung von GVOen, Leitlinien und Bekanntmachungen ein Gerüst geschaffen, an dem sich nationale Gerichte orientieren können.[347] Rechtlich bindend sind allerdings nur die Entscheidungen der europäischen Gerichte und der Kommission sowie die Gruppenfreistellungsverordnungen. Einige Richter erklärten bereits, dass sie Leitlinien und Bekanntmachung zwar als Hilfestellung anerkennen, im Zweifel aber doch von diesen abweichen werden.[348]

Trotz dieser Defizite in der kohärenten Rechtsanwendung darf diese Problematik nicht überbewertet werden. Es gibt genügend Beispiele, die belegen, dass nationale Richter durchaus in der Lage sind, das Gemeinschaftsrecht anzuwenden.[349] Stellvertretend sei hier die durchaus umfangreiche Prüfung des Art. 82 EG (Missbrauch einer Marktbeherrschenden Stellung) genannt, in der wirtschaftlich komplexe Sachverhalte subsumiert werden müssen.

(2) Sachverständige im Prozess

Neben den Veröffentlichungen der Kommission und der Rechtsprechung gibt es eine weitere Möglichkeit, derer sich das nationale Gericht bei der Rechtsfindung bedienen kann: sachverständige Ökonomen für Kartellsachen.[350] Was in angelsächsischen Verfahren ge-

---

[347] zustimmend: *Lugard/Hancher,* ECLR 2004, S. 410, 420; kritisch: *Mestmäcker,* WuW 2000, S. 683

[348] *Pérez van Kappel,* EWS 2001, S. 228, 230

[349] vgl. *Quellmalz,* WRP 2004, S. 461, 468; a.A. *Möschel,* WuW 2001, S. 147, 148

[350] *Bueren,* WRP 2004, S. 567, 575

meinhin an der Tagesordnung ist, soll nun in allen Gerichtssälen der Gemeinschaft Einzug halten.[351]

Allerdings hegt Kirchhoff Bedenken gegen die Einbeziehung von ökonomischen Gutachten in einen kartellrechtlichen Prozess, die nicht ganz unberücksichtigt bleiben können. Er verweist darauf, dass man schon über die methodischen Ansätze und die Zuverlässigkeit der herangezogenen Daten trefflich streiten könne. Für die gegnerische Partei sei es ein Leichtes, Zweifel an der Überzeugungskraft eines Gutachtens zu säen.[352] Insoweit bieten ökonomische Gutachten zwar eine Chance, der Beweislastregel des Art. 2 VO 1/2003 Rechnung zu tragen. Eine vollumfängliche Akzeptanz der Ergebnisse durch den Richter sollte aber nicht vorausgesetzt werden.

3. Rechtssicherheit durch die EuGVVO[353]

a. Gemeinschaftsweite Anerkennung eines Gerichtsurteils

Die Anerkennung und Vollstreckung eines Urteils im Zivilprozess unterliegt der Ratsverordnung Nr. 44/2001 (EuGVVO). Erfasst wer-

---

[351] *Pérez van Kappel,* EWS 2001, S. 228, 230

[352] *Kirchhoff,* WuW 2004, S. 745, 749

[353] Verordnung über die gerichtliche Zuständigkeit und die Anerkennung und Vollstreckung von Entscheidungen in Zivil- und Handelssachen (ABl. L 12 vom 16.1.2001, S. 1); in der Literatur sind folgende Kürzel zu finden: EuGVVO oder EuGVO oder Brüssel I-VO; diese VO gilt nicht für Dänemark

den gemäß Art. 1 Abs. 1 EuGVVO alle Zivil- und Handelssachen, wozu auch die privatrechtlichen Kartellverfahren gehören.[354]

Allerdings kann nur eine Anerkennung bzw. Vollstreckung eines bestimmten Titels erfolgen. Eine Wirkung, die andere nationale Gerichte in einem ähnlich gelagerten Verfahren an die Entscheidung des erkennenden Gerichts bindet, besteht auf keinen Fall. Dies folgt aus der Natur einer Gerichtsentscheidung: Sie wirkt nur inter partes, regelt also nur Rechtsbeziehungen zwischen den Streitparteien.[355] Insoweit kann eine kohärente Bindungswirkung nicht erreicht werden.[356]

Die Verordnung bietet jedoch anderweitig Rechtssicherheit. Sie schützt nämlich Unternehmen davor, dass ihre Vereinbarungen vor mehreren nationalen Gerichten der Gemeinschaft angegriffen werden. Sollten Verfahren wegen desselben Anspruchs vor mehreren Gerichten anhängig sein, setzen die später angerufenen Gerichte ihr Verfahren aus. Stellt das zuerst angerufene Gericht seine Zuständigkeit fest, so erklären sich die anderen Gerichte für unzuständig.[357] Somit ist der für die Rechtssicherheit elementare Rechtssatz „ne bis in idem"[358] gesichert.

---

[354] *Hüßtege,* in: Thomas/Putzo (Hrsg.), Zivilprozeßordnung, Art. 1 EuGVVO, Rn. 2

[355] vgl. für das deutsche Recht § 325 Abs. 1 ZPO

[356] insoweit falsch: *Bien,* DB 2000, S. 2309, 2312

[357] Art. 27 EuGVVO; Aussetzung im deutschem Prozessrecht nach § 148 ZPO

[358] Verbot einer wiederholten Entscheidung eines identischen Streitgegenstandes, vgl. *Jauernig,* Zivilprozessrecht, S. 248 f.

b. **Rechtssicherheit durch Prorogation**

Um einem „forum shopping" bei Rechtsstreitigkeiten zwischen kooperierenden Unternehmen vorzubeugen, empfiehlt sich, eine Wahl des Gerichtsstandes im Vertrag zu treffen. Eine entsprechende Klausel könnte wie folgt lauten:

> „Für alle Streitigkeiten über die Gültigkeit, die Auslegung und Anwendung des Kooperationsvertrages vereinbaren die Vertragsparteien den ausschließlichen Gerichtsstand in Düsseldorf."

Oder in englischer Sprache:

> "The contracting parties agree that the courts at Düsseldorf shall have exclusive jurisdiction over all disputes on the validity, interpretation and application of this cooperation agreement."

Gemäß Art. 23 EuGVVO ist dann das zuständige Gericht im Gerichtsbezirk Düsseldorf ausschließlich zuständig. Natürlich kann ein spezieller Gerichtsstand auch derogiert, also ausgeschlossen werden.[359]

---

[359] *Hüßtege,* in: Thomas/Putzo (Hrsg.), Zivilprozeßordnung, Art. 1 EuGVVO, Rn. 1

IV. Zwischenergebnis

1. Nationale Behörden

Nationalen Behörden sind nun umfassend befugt, Art. 81 EG anzuwenden. Dabei kommt es zu einem System paralleler Zuständigkeiten zwischen den nationalen Wettbewerbsbehörden. Sobald jedoch die Kommission ein Verfahren einleitet, liegt die ausschließliche Zuständigkeit bei ihr. Für kooperierende Unternehmen ist die letztgenannte Zuständigkeitsregelung am günstigsten, da ihre Vereinbarung exklusiv durch eine Behörde behandelt wird. Problematischer ist für Unternehmen die parallele Zuständigkeit. Durch Konsultationen im Netz der Wettbewerbsbehörden soll eine mehrfache Bearbeitung eines Falles vermieden werden. Allerdings ist diese Regelung nur in einer Bekanntmachung normiert und begründet daher keine rechtliche Verbindlichkeit. Bei der Frage der Zuständigkeiten sind die Unternehmen also einzig und allein auf die Funktionsfähigkeit des Netzwerks angewiesen.

Eine ähnliche Problematik wohnt den Entscheidungen nationaler Behörden inne. In den meisten Fällen sind deren Rechtsakte nicht für Behörden aus anderen Mitgliedsstaaten verbindlich. Zwar kann die Kommission vor Erlass einer abweichenden Entscheidung intervenieren, doch ist dies nur eine fakultative Bestimmung. Hier wäre eine klarere Regelung zugunsten der Rechtssicherheit von Unternehmen wünschenswert gewesen.

2. Nationale Gerichte

Auch nationale Gerichte wenden den Art. 81 EG vollumfänglich an. Dabei können sie die Kommission um Mithilfe bitten, was angesichts des Beibringungsgrundsatzes im Zivilverfahrensrecht und die damit verbundenen Einschränkungen richterlicher Untersuchungsbefugnisse zu begrüßen ist. Auf der anderen Seite können nationale Behörden und die Kommission in ein Verfahren eingreifen, indem sie dem Gericht Stellungnahmen übersenden. Diese können zwar hilfreich sein, doch sind Bedenken bezüglich der richterlichen Unabhängigkeit nicht ganz von der Hand zu weisen.

Entgegen der Entscheidungen nationaler Wettbewerbsbehörden werden Urteile von anderen mitgliedsstaatlichen Gerichten anerkannt. Sie folgen somit den Vorgaben der EuGVVO. Ihnen ist es verwehrt, in derselben Sache ein Verfahren erneut einzuleiten. Dies führt zu mehr Rechtssicherheit.

F. Ergebnisse

Die VO 1/2003 ist das Kernstück der Modernisierung der Wettbewerbsregeln der Gemeinschaft. Sie führt von der Abschaffung des Anmelde- und Genehmigungssystems hin zu einem System der Legalausnahme. Damit einhergehend wird das Entscheidungsmonopol der Kommission gebrochen. Art. 81 EG wird nun vollumfänglich durch nationale Behörden und Gerichte angewendet. Unternehmen sind daher in der Pflicht, die Rechtmäßigkeit ihrer Vereinbarungen selbst zu beurteilen und dies vornehmlich vor nationalen Instanzen zu rechtfertigen.

Um die rechtliche Bindungswirkung von Gruppenfreistellungen gibt es kontroverse Diskussionen. Dennoch behalten diese auch im System der Legalausnahme ihre konstitutive Wirkung. Sie sind Verordnungen i.S.d. Art. 249 Abs. 2 EG. Das heißt sie sind in allen ihren Teilen verbindlich und gelten in jedem Mitgliedsstaat. Vereinbarungen, die die Voraussetzungen einer Gruppenfreistellungsverordnung erfüllen, sind automatisch vom Kartellverbot ausgenommen. Diese Vereinbarungen genießen ein hohes Maß an Rechtssicherheit.

Die Gruppenfreistellungsverordnung für Forschungs- und Entwicklungskooperationen gewährt entsprechenden Vereinbarungen großzügige Freistellungen vom Kartellverbot. Bis auf kleinere Unklarheiten in der Formulierung stellt sie einen „sicheren Hafen" für Unternehmen dar.

Die Europäische Kommission erläutert ihre Politik und Anwendungsregeln durch die Veröffentlichung von Leitlinien und Bekanntmachungen. Obwohl diese rechtlich nicht bindend sind, kommt ihnen eine hohe faktische Bindungswirkung zu. Im System der Legalausnahme will die Kommission verstärkt auf derartige Instrumente zurückgreifen, wodurch deren Bedeutung zunehmen wird.

Fällt eine Vereinbarung nicht unter die FuE-GVO, müssen die Voraussetzungen des Art. 81 Abs. 3 EG vorliegen, um eine Freistellung zu erreichen. Dabei bieten die Leitlinien und Bekanntmachungen eine gute Orientierung, auch wenn ihr Umfang auf den ersten Blick zu komplex wirken mag.

Die Kommission wie auch europäische Gerichte stehen FuE-Kooperationen aufgeschlossen gegenüber. Die Voraussetzungen des Art. 81 Abs. 3 EG sollten daher regelmäßig als erfüllt angesehen werden. Eine detaillierte, nah an den Leitlinien auszurichtende Prüfung empfiehlt sich bei Nebenabreden, die die größte Gefahr von Wettbewerbsbeschränkungen in sich bergen.

Die Wettbewerbsbehörden der Mitgliedsstaaten sind nunmehr befugt, Art. 81 EG in Gänze anzuwenden. Der Gefahr divergierender Entscheidungen wird mit einer starken Stellung der Kommission innerhalb des Netzes der Wettbewerbsbehörden entgegengewirkt. Der Erfolg der Reform hängt aber nicht zuletzt von der Kooperation im Netzwerk ab, dessen Entwicklung erst noch abzuwarten ist.

Entscheidungen nationaler Wettbewerbsbehörden sind grundsätzlich für andere Mitglieder des Netzes nicht verbindlich. Um diesen Schwachpunkt auszugleichen kann nur die Kommission durch Verfahrenseinleitung ihrerseits für Rechtssicherheit sorgen.

Nationale Gerichte sollen vor allem in Zivilverfahren die Wettbewerbsregeln anwenden. Dabei werden sie von der Kommission und den nationalen Kartellbehörden durch Informationsaustausch und Stellungnahmen unterstützt.

Im Gegensatz zu den administrativen Handlungen der Wettbewerbsbehörden ist das Verfahren vor nationalen Gerichten durch die gegenseitige Anerkennung und Vollstreckung von Entscheidungen gekennzeichnet. Die einschlägigen Zuständigkeitsregelungen der EuGVVO bieten dabei ausreichend Rechtssicherheit für kooperierende Unternehmen.

G. Literaturverzeichnis

Bahr, Christian / Loest, Thomas: Die Beurteilung von Vereinbarungen über Forschung und Entwicklung nach europäischem Kartellrecht, EWS 2002, S. 263-271

Bamberger, Heinz Georg / Roth, Herbert: Kommentar zum Bürgerlichen Gesetzbuch, Bd. 1, 2003

Bartosch, Andreas: Von der Freistellung zur Legalausnahme – was geschieht mit der Rechtssicherheit? , WuW 2000, 462-472

Basedow, Jürgen: Who will Protect Competition in Europe? From Central Enforcement to Authority Networks and Private Litigation, in Einhorn, Talia (Hrsg.), Spontaneous Order, Organization and the Law – Liber Amicorum Ernst-Joachim Mestmäcker, 2003

Becher, Klaus F.: Die Reform des Wettbewerbsrechts aus Sicht der Industrie, in: Schwarze, Jürgen (Hrsg.), Europäisches Wettbewerbsrecht im Wandel, 2001

Bechtold, Rainer: Modernisierung des EG-Wettbewerbsrechts: Der Verordnungs-Entwurf der EG-Kommission zur Umsetzung des Weißbuchs, BB 2000, S. 2425-2431

Bechtold, Rainer: EG-Gruppenfreistellungsverordnungen – eine Zwischenbilanz, EWS 2001, S. 49-55

Bechtold, Rainer: Neuere Entwicklungen auf dem Gebiet des Kartellrechts, in: Schwarze, Jürgen (Hrsg.), Europäisches Wettbewerbsrecht im Zeichen der Globalisierung, 2002

Bechtold, Rainer: Maßstäbe der „Selbstveranlagung" nach Art. 81 Abs. 3 EG, WuW 2003, S. 343

Bester, Helmut: Theorie der Industrieökonomik, 2. Auflage 2003

Bien, Florian: Systemwechsel im Europäischen Kartellrecht, DB 2000, S. 2309-2312

von Bogdandy, Armin / Buchhold, Frank: Die Dezentralisierung der europäischen Wettbewerbskontrolle, Schritt 2, GRUR 2000, S. 798-805

Böge, Ulf: Der „more economic approach" und die deutsche Wettbewerbspolitik, WuW 2004, S. 726-733

Böge, Ulf / Scheidgen, Anja: Das neue Netzwerk der Wettbewerbsbehörden in der Europäischen Union, EWS 2002, S. 201-206

Brunn, Thomas: Die EG-Kartellverfahrensverordnung 1/2003 und ihre Auswirkungen auf die Gruppenfreistellungsverordnungen und die Entzugsverfahren der Vertikal-GVO, Diss. Köln 2004 zitiert als: „Brunn, VO 1/2003 und Auswirkungen auf GVOen, S."

Bueren, Eckard: Der „New economic approach" der Kommission für horizontale und vertikale Wettbewerbsbeschränkungen, WRP 2004, S. 567-575

Bunte, Hermann-Josef: Kartellrecht, 2003

Calliess, Christian / Ruffert, Matthias: Kommentar zu EU-Vertrag und EG-Vertrag, 2. Auflage 2002

Commichau, Gerhard / Schwartz, Harald: Grundzüge des Kartellrechts, 2. Auflage, 2002

Cox, Helmut / Jens, Uwe / Markert, Kurt: Handbuch des Wettbewerbs, 1981

Creifelds, Carl: Rechtswörterbuch, 16. Auflage, 2000

Dauses, Manfred A.: Handbuch des EU-Wirtschaftsrechts, 2003

Deringer, Arved: Stellungnahme zum Weißbuch der Europäischen Kommission über die Modernisierung der Vorschriften zur Anwendung der Art. 85 und 86 EG-Vertrag (Art. 81 und 82 EG), EuZW 2000, S. 5-11

Deringer, Arved: Reform der Durchführungsverordnung zu den Art. 81 und 82 des EG-Vertrages, EuR 2001, S 306-323

Deselaers, Wolfgang / Obst, Silke: Weißbuch zum Europäischen Kartellrecht – Rechtssicherheit ade? , EWS 2000, S. 41-46

Dreher, Meinrad / Thomas, Stefan: Rechts- und Tatsachenirrtümer unter der neuen VO 1/2003, WuW 2004, S. 8-18

Deutsche Vereinigung für gewerblichen Rechtsschutz und Urheberrecht: Vorläufige Stellungnahme zu den Entwürfen einer Verordnung zur Anwendung von Art. 81 EG-Vertrag, GRUR 2000, S. 588 (zitiert: „GRUR-Vereinigung")

Ehlermann, Claus-Dieter: Artikel 3 des Kommissionsvorschlags vom September 2000 – wohlbegründet! , WuW 2001, S. 231

Ehlermann, Claus-Dieter: The Modernization of EC Antitrust Policy: A Legal and Cultural Revolution, CMLR 2000, S. 537-590

Eilmansberger, Thomas: Zum Vorschlag der Kommission für eine Reform des Kartellvollzugs, JZ 2001, S. 365-374

Elßer, Stefan: Innovationswettbewerb, Diss. Hohenheim 1993

Emmerich, Volker: Anmerkungen zu der „neuen" Wettbewerbspolitik der Europäischen Kommission, WRP 2000, S. 858-862

Emmerich, Volker: Kartellrecht, 9. Auflage 2001

Emmerich, Volker: Zur Mär der Arbeitsüberlastung der Kommission, WuW 2001, S. 3

Europäische Kommission: Glossar der Wettbewerbspolitik der EU, 2004

Federico Pace, Lorenzo: Die Dezentralisierungspolitik im EG-

Kartellrecht, EuZW 2004, S. 301-305

Fikentscher, Wolfgang: Das Unrecht einer Wettbewerbsbeschränkung: Kritik an Weißbuch und VO-Entwurf zu Art. 81, 82 EG-Vertrag, WuW 2001, S. 446-458

Flume, Werner: Rechtsakt und Rechtsverhältnis, 1990

Frankfurter Kommentar: Kommentar zum Kartellrecht, Bd. VI., hrsg. von Glassen, Helmut / von Hahn, Helmuth / Kersten, Hans-Christian / Rieger, Harald, 1999(Loseblattsammlung)

Franz, Maren: F&E-Kooperationen aus wettbewerbspolitischer Sicht, Diss. Hamburg 1995

Fuchs, Andreas: Kartellrechtliche Grenzen der Forschungskooperation, Diss. Göttingen 1989

Fuchs, Andreas: Die Modernisierung des europäischen Kartellrechts im Bereich vertikaler Vereinbarungen, in: Schwintowski, Hans-Peter (Hrsg.), Entwicklungen im deutschen und europäischen Wirtschaftsrecht – Symposium zum 65. Geburtstag von Ulrich Immenga, 2001

Geiger, Andreas: Das Weißbuch der EG-Kommission zu Art. 81, 82 EG – eine Reform, besser als ihr Ruf, EuZW 2000, S. 165-169

Geiger, Andreas: Die neuen Leitlinien der EG-Kommission zur Anwendbarkeit von Art. 81 EG auf Vereinbarungen über horizontale Zusammenarbeit, EuZW 2000, S. 325-328

Gilliams, Hans: Modernisation: from policy to practise, ELR 2003, S. 451-474

Glader, Marcus: Innovation Economics and the Antitrust Guidelines on Horizontal Co-operation, World Competition 2001, S. 513-540

Gleiss, Alfred / Hirsch, Martin: Kommentar zum EG-Kartellrecht, Bd. 1, 4. Auflage 1993

Gliem, Barbara: Die Gruppenfreistellungsverordnungen im aktuellen und kommenden EG-Kartellrecht; Diss. Kiel, 2003

Grabitz, Eberhard / Hilf, Meinhard: Das Recht der Europäischen Union, Bd. 2, 2003

Griffith, Mark / Nüesch, Sandra: Modernising the treatment of horizontal agreements – an analysis of the Commission's proposals, ECLR 2000, S. 452-462

Von der Groeben, Hans / Schwarze, Jürgen: Kommentar zum Vertrag über die Europäische Union und zur Gründung der Europäischen Gemeinschaft, 6. Auflage 2003

Gröning, Jochem: Zur Gefahr divergierender Entscheidungen bei dezentraler Anwendung des EG-Kartellrechts, WRP 2000, S. 882-886

Gröning, Jochem: Die dezentrale Anwendung des EG-

Kartellrechts gemäß dem Vorschlag der Kommission zur Ersetzung der VO 17/62, WRP 2001, S. 83-89

GRUR-Vereinigung, siehe unter „Deutsche Vereinigung für gewerblichen Rechtsschutz   und Urheberrecht"

Hansen, Hendrik: Die Wettbewerbspolitische Beurteilung von Forschungs- und Entwicklungskooperationen zwischen konkurrierenden Unternehmen, WuW 1999, S. 468-479

Hayek, Friedrich A. von: Der Wettbewerb als Entdeckungsverfahren, in: Freiburger Studien, 1969

Heer, Peter: Zum Begriff des „wirksamen Wettbewerbs" am Beispiel des Pharmamarktes, in: Schürmann, Leo (Hrsg.), Probleme des Kartellverwaltungsrechts – Festschrift für Bruno Schmidhauser, 1991

Hossenfelder, Silke: Reform of European Competition Law: Changes in the Cooperation between Competition Authorities and the Effects on the Sanctioning System, Competition law sanctioning in the European Union 2004, S. 165-175

Hossenfelder, Silke / Lutz, Martin: Die neue Durchführungsverordnung zu den Artikeln 81 und 82 EG-Vertrag, WuW 2003, S. 118-128

Immenga, Frank A. / Stopper, Martin: Die europäischen und US-amerikanischen Leitlinien zur horizontalen Kooperation, RIW 2001, S. 241-249

Immenga, Frank A. / Lange, Knut Werner: Entwicklungen des europäischen Kartellrechts 2003, RIW 2003, S. 889-895

Immenga, Ulrich: Eine Wende in der gemeinschaftlichen Kartellpolitik? , EuZW 1999, S. 609

Immenga, Ulrich / Mestmäcker, Ernst Joachim: EG-Wettbewerbsrecht, Bd. I und II, 1997

Jaeger, Wolfgang: Die möglichen Auswirkungen einer Reform des EG-Wettbewerbsrechts für die nationalen Gerichte, WuW 2000, S. 1062-1074

Jauernig, Othmar: Zivilprozessrecht, 28. Auflage 2003

Kamann, Hans-Georg / Bergmann, Ellen: Die neue EG-Kartellverfahrensverordnung – Auswirkungen auf die unternehmerische Vertragspraxis, BB 2003, S. 1743-1749

Kamann, Hans-Georg / Horstkotte, Christian: Kommission versus nationale Gerichte – Kooperation oder Konfrontation im Kartellverfahren, WuW 2001, S. 458-468

Kerse, Christopher Stephen: EEC Antitrust Procedure, 2. Auflage 1987

Kingston, Suzanne: A „new division of responsibilities" in the proposed regulation to modernise the rules implementing Articles

81 and 82 E.C.? A warning call, ECLR 2001, S. 340-350

Kipp, Theodor: Über Doppelwirkungen im Recht, in: Festschrift für von Martitz, 1911, S. 211-233

Kirchhoff, Wolfgang: Sachverhaltsaufklärung und Beweislage bei der Anwendung des Art. 81 EG-Vertrag, WuW 2004, S. 745-754

Kirchner, Christian: Verhältnis zwischen deutschem Kartellrecht und europäischem Wettbewerbsrecht – Zuständigkeiten, Konflikte, Reformkonzepte, in: Schwerpunkte des Kartellrechts 2001 (FIW-Schriftenreihe (Heft 186), 2002

Kirchner, Christian: Innovationsschutz und Investitionsschutz, GRUR Int. 2004, S. 603-607

Koenig, Christian / Haratsch, Andreas: Europarecht, 4. Auflage 2003

Koenigs, Folkmar: Kooperation in Forschung und Entwicklung nach deutschem und EWG-Kartellrecht, in: Gutzler, Helmut / Herion, Wolfgang / Kaiser, Joseph H., Wettbewerb im Wandel – Eberhard Günther zum 65. Geburtstag, 1976

Koenigs, Folkmar: Die VO Nr. 1/2003: Wende im EG-Kartellrecht, DB 2003, S. 755-759

Konrad, Ernst: F&E-Kooperationen und internationale Wettbewerbsfähigkeit, 1998

Langen, Eugen / Bunte, Hermann-Josef: Kommentar zum deutschen und europäischen Kartellrecht, Bd. 1, 9.Auflage 2000

Lanz, Christoph: Wettbewerbsbeeinträchtigung, Zwischenstaatlichkeitsklausel & De Minimis, Diss. Linz, 2002

Lenz, Carl Otto / Borchardt, Klaus Dieter: EU- und EG- Vertrag, 3.Auflage 2003

Liebscher, Christoph / Flohr, Eckhard / Petsche, Alexander: Handbuch der EU-Gruppenfreistellungsverordnungen, 2003

Lowe, Philip: Neue Strukturen der Zusammenarbeit zwischen der Generaldirektion Wettbewerb und den nationalen Wettbewerbsbehörden, WuW 2003, S. 867

Lugard, Paul / Hancher, Leigh: Honey, I Shrunk the Article! A Critical Assessment of the Commission's Notice on Article 81(3) of the EC Treaty, ECLR 2004, S. 410-420

Mestmäcker, Ernst-Joachim: Versuch einer kartellpolitischen Wende in der EU, EuZW 1999, S. 523-529

Mestmäcker, Ernst-Joachim: Begrenzt abschreckend, WuW 2000, S. 583

Mestmäcker, Ernst-Joachim: Wirtschaft und Verfassung in der Europäischen Union, 2003

Mestmäcker, Ernst-Joachim / Schweitzer, Heike: Europäisches

Wettbewerbsrecht, 2. Auflage 2004

Monopolkommission: Wettbewerbspolitik vor neuen Herausforderungen, VIII. Hauptgutachten 1988/89, 1990 (zitiert: „VIII. Hauptgutachten")

Monopolkommission: Kartellpolitische Wende in der Europäischen Union? , Sondergutachten Nr. 28, 1999 (zitiert: „Sondergutachten Nr. 28")

Monopolkommission: Folgeprobleme der europäischen Kartellverfahrensreform, Sondergutachten Nr. 32, 2001 (zitiert: „Sondergutachten Nr. 32")

Möschel, Wernhard: Systemwechsel im Europäischen Wettbewerbsrecht? , JZ 2000, S. 61-67

Möschel, Wernhard: Effizienter Wettbewerbsschutz in einer erweiterten Gemeinschaft durch Einbeziehung der nationalen Wettbewerbsbehörden und nationalen Gerichte? , WuW 2001, S. 147-148

Möschel, Wernhard: Change of Policy in European Competition Law? , CMLR 2000, S. 495-499

Münchener Kommentar zum Bürgerlichen Gesetzbuch, hrsg. von Rebmann, Kurt / Säcker, Franz Jürgen, Bd. 1, 4. Auflage 2004

Neumann, Manfred: Wettbewerbspolitik, 2000

OECD: The Measurement of Scientific and Technical Activities: Proposed Standard Practice for Surveys of Research and Development, „Frascati Manual", 1981

Oellers, Bernd: Doppelwirkungen im Recht? , AcP 1969, S. 67-79

Ordover, Janusz / Baumol, William: Antitrust Policy for High Technology Industries, in: Oxford Review of Economic Policy 1988, S. 13-34

Palandt: Kommentar zum Bürgerlichen Gesetzbuch, 63. Auflage 2004

Paulweber, Michael / Kögel, Rainer: Das europäische Wettbewerbsrecht am Scheideweg, AG 1999, S. 500-515

Pérez van Kappel, Antonio: Auf dem Weg zur Anwendung von Art. 81 Abs. 3 EG durch die nationalen Gerichte (Tagungsbericht), EWS 2001, S. 228-233

Quellmalz, Holger: Die Justiziabilität des Art. 81 Abs. 3 EG und die nichtwettbewerblichen Ziele des EG-Vertrages, WRP 2004, S. 461-470

Rittner, Fritz: Wettbewerbs- und Kartellrecht, 6. Auflage 1999

Rittner, Fritz: Zurück zum Mißbrauchsprinzip im EG-Kartellrecht? , DB 1999, S. 1485-1486

Rittner, Fritz: Kartellpolitik und Gewaltenteilung in der EG, EuZW 2000, S. 129

Rittner, Fritz: Das neue europäische Kartellrecht: Bürokratische Netze statt Herrschaft des Gesetzes? , Orientierungen zur Wirtschafts- und Gesellschaftspolitik 2004, S. 38-43

Röhl, Klaus F.: Allgemeine Rechtslehre, 2. Auflage 2001

Röhling, Andreas: Die Zukunft des Kartellverbots in Deutschland nach dem In-Kraft- Treten der neuen EU-Verfahrensrechtsordnung, GRUR 2003, S. 1019-1025

Rosenberg, Leo / Schwab, Karl Heinz / Gottwald, Peter: Zivilprozessrecht, 16. Auflage 2004

Schaub, Alexander / Dohms, Rüdiger: Das Weißbuch der Europäischen Kommission über die Modernisierung der Vorschriften zur Anwendung der Artikel 81 und 82 EG-Vertrag, WuW 1999, S. 1055-1070

Schmidt, Ingo: Wettbewerbspolitik und Kartellrecht, 7.Auflage 2001

Schmidt, Karsten: Umdenken im Kartellverfahrensrecht! , BB 2003, S. 1237-1245

Schröter, Helmuth / Jakob, Thinam / Mederer, Wolfgang: Kommentar zu Europäischen Wettbewerbsrecht, 2003

Schütz, Jörg: Zur Änderung des Kartellverfahrens gemäß Artikel 81 EGV, WuW 2000, S. 686-696

Schwarze, Jürgen: EU-Kommentar, 2000

Schwenn, Dirk M.: Die Dezentralisierung der Wettbewerbskontrolle nach dem „Weißbuch", RIW 2000, S. 179-182

Soergel: Bürgerlichen Gesetzbuch, Allgemeiner Teil 2, 13. Auflage 2003

Staudinger, Julius von: Kommentar zum Bürgerlichen Gesetzbuch, 13. Auflage 2002

Stopper, Martin: Leitlinien für Horizontalvereinbarungen: Ende des Regel-Ausnahme-Prinzips von Art. 81 EG? , EuZW 2001, S. 426-430

Streinz, Rudolf: EUV / EGV, 2003

Terhechte, Jörg Philipp: Die Revision der Bagatellbekanntmachung der Europäischen Kommission, EWS 2002, S. 66-69

Thomas, Heinz / Putzo, Hans: Zivilprozeßordnung, 25. Auflage 2003

Ullrich, Hanns: Kooperative Forschung und Entwicklung, 1988

Vonortas, Nicolas S.: Cooperation in Research and Development, 1997

Wagemann, Markus / Pape, Fabian: Kartellrechtspraxis und Kartellrechtsprechung 2001/02, 17. Auflage 2002

Wagner, Achim: Der Systemwechsel im EG-Kartellrecht – Gruppenfreistellungen und Übergangsproblematik, WRP 2003, 1369-1389

Weimann, Joachim: Wirtschaftspolitik, 1996

Weitbrecht, Andreas: Das neue EG-Kartellverfahrensrecht, EuZW 2003, S. 69-73

Wesseling, Rein: The Commission notices on decentralisation of E.C. Antitrust Law: In for a penny, not for a pound, ECLR 1997, S. 94-97

Wesseling, Rein: The Modernisation of EC Antitrust Law, 2000

Weyer, Hartmut: Konkurrierende Anwendung des Art. 81 EGV durch Kommission und nationale Gerichte, WuW 2000, S. 842-852

Weyer, Hartmut: Nach der Reform: Gestaltung der Wettbewerbspolitik durch die Kommission?, ZHR 2000, S. 611-637

Wiedemann, Gerhard: Handbuch des Kartellrechts, 1999

Winzer, Wolfgang: Die Freistellungsverordnung der Kommission über Forschungs- und Entwicklungsvereinbarungen vom 1. Januar 2001, GRUR Int. 2001, 413-420

Zinsmeister, Ute / Lienemeyer, Max: Die verfahrensrechtlichen Probleme bei der dezentralen Anwendung des europäischen Kartellrechts, WuW 2002, S. 331-340

H. Anlage I: Checkliste

Die Checkliste versteht sich als eine erste Orientierungshilfe bei der Beurteilung von Forschungs- und Entwicklungskooperationen. Für den jeweiligen Einzelfall ist jedoch eine ausführliche und tiefgründige Würdigung aller Regelungen der Vereinbarung durch Spezialisten auf dem Gebiet des Kartellrechts zwingend erforderlich.

Dem Autor ist bewusst, dass eine Prüfung einer GVO nur dann Sinn macht, wenn die entsprechende Vereinbarung auch unter Art. 81 Abs. 1 EG fällt. Dennoch empfiehlt es sich, zuerst die Voraussetzungen der GVO zu prüfen. Dies ist in den meisten Fällen oft leichter als die Tatbestände des Art. 81 Abs. 1 EG zu würdigen.

Schritt 1: *Fällt die Vereinbarung unter die FuE-GVO?*

Schwerpunkte dieser Prüfung sind:

➢ Marktanteilsschwelle:

   ✓ Wenn Unternehmen keine Wettbewerber, dann gilt Freistellung für FuE-Phase und bei gemeinsamer Verwertung zusätzlich 7 Jahre

   ✓ Wenn Unternehmen Wettbewerber sind, dann nur Freistellung, wenn addierte Marktanteile 25% nicht überschreiten, maßgeblicher Zeitpunkt ist der Vertragsabschluss, Freistellung gilt dann für FuE-Phase und bei gemeinsamer Verwertung zusätzlich 7 Jahre

➢ keine Kernbeschränkungen

➢ erfüllt die Vereinbarung inklusive aller Nebenabreden die Kriterien der FuE-GVO, ist die Kooperation definitiv vom Kartellverbot freigestellt (GVOen sind weiterhin verbindlich!)

➢ wenn nicht alle Kriterien erfüllt sind, so ist ab Schritt 2 weiterzuprüfen

Schritt 2: *Wird die Vereinbarung von Art. 81 Abs. 1 EG erfasst?*

Schwerpunkte dieser Prüfung sind:

➢ Spürbarkeit:
  - ✓ siehe Bagatellbekanntmachung (ABl. C 368 vom 22.12.2001, S. 13): Vereinbarung wird nicht von Art. 81 Abs. 1 EG erfasst, wenn die addierten Marktanteile der Unternehmen am relevanten Markt 10% nicht übersteigen

➢ Beeinträchtigung des zwischenstaatlichen Handels:
  - ✓ siehe die einschlägige Bekanntmachung (ABl. C 101 vom 27.4.2004, S. 81): diese Voraussetzung wird bei FuE-Kooperationen aber meist erfüllt sein

➢ wettbewerbsbeschränkende Vereinbarung
  - ✓ Prüfung anhand der horizontalen Leitlinien (ABl. C 3 vom 6.1.2001, S. 2) und der Leitlinien zur Anwendbarkeit des Art. 81 Abs. 3 EG (ABl. C 101 vom 27.04.2004, S. 97)
  - ✓ die meisten FuE-Vereinbarungen an sich fallen nicht unter das Kartellverbot
  - ✓ wichtig ist aber die Prüfung der Nebenabreden, hier sind am ehesten Wettbewerbsbeschränkungen wahrscheinlich

➢ wenn Vereinbarung und Nebenabreden nicht von Art. 81 Abs. 1 EG erfasst werden, muss hier nicht weitergeprüft werden

Schritt 3: *Erfüllt die Vereinbarung die Voraussetzungen des Art. 81 Abs. 3 EG?*

➢ Prüfung anhand der beiden Leitlinien wie bei Art. 81 Abs. 1 EG auch hier steht die Prüfung der Nebenabreden im Mittelpunkt, jede einzelne muss die 4 Voraussetzungen erfüllen

➢ Förderung des technischen oder wirtschaftlichen Fortschritts

  ✓ diese Voraussetzung ist bei FuE-Vereinbarungen meist unproblematisch

➢ Weitergabe an die Verbraucher

  ✓ auch diese Voraussetzung meist unproblematisch, Weitergabe z.B. in Form niedriger Preise oder besserer Qualität möglich

  ✓ höhere Preise können durch schnellerer Zugang zu einer neuen Technologie gerechtfertigt werden

➢ keine Unerlässlichkeit

  ✓ Kernbeschränkungen sind grundsätzlich nicht mit dieser Voraussetzung vereinbar

  ✓ bei unverhältnismäßig hohen Investitionen und unverhältnismäßig hohem Risiko können Kernbeschränkungen (z.B. Marktaufteilung) dieser Voraussetzung genügen, aber dann sehr genaue Prüfung erforderlich

➢ keine Ausschaltung des verbleibenden Wettbewerbs